Ursula Baumgardt

König Drosselbart und C.G. Jungs Frauenbild

W

Ursula Baumgardt

König Drosselbart und C.G. Jungs Frauenbild

Kritische Gedanken zu Anima und Animus

Walter-Verlag Olten und Freiburg im Breisgau

2. Auflage 1988

Satz: Jung SatzCentrum, Lahnau
Druck und Einband: Grafische Betriebe
des Walter-Verlags
Printed in Switzerland

ISBN 3-530-04802-X

Inhalt

Vorwort

Die Autorin hat mich, einen Mann, gebeten, zu diesem Buch ein Vorwort zu schreiben. Nachdem ich es durchgelesen und überlegt hatte, fiel es mir bei aller Anerkennung der wichtigen Arbeit, die sie in diesem Buch geleistet hat, schwer, es rückhaltlos zu bejahen und einige kritische Gedanken zu unterdrücken. Wir, Frau Baumgardt und ich, haben daher noch einmal einen Briefwechsel geführt, nach dem sie mich liebenswürdigerweise autorisiert hat, diese kritischen, sicher recht männlichen Gedanken auch in das Vorwort aufzunehmen. Dies will ich aber später tun und zunächst auf das wichtige Verdienst dieses Buches hinweisen.
Es ist mehr als verständlich, daß eine moderne heutige Frau, die die Werke C. G. Jungs aufmerksam durchstudiert und liest, was er so im einzelnen über die Anima und den Animus geschrieben hat, allmählich von einer zähneknirschenden Verbitterung befallen wird. Jung ist, wie wir es heute nennen würden, ein ausgesprochen chauvinistischer Patriarch gewesen. Sein Frauenbild entsprach weitgehend dem des vorigen Jahrhunderts und dem des Beginns unseres Jahrhunderts mit all den Vorurteilen, die in dieser Zeit den Frauen gegenüber herrschten. Liest man die von Frau Baumgardt gesammelten Zitate dieses Buches aufmerksam durch, so ist das unübersehbar. Es ist eigentlich ein Wunder, und ich muß gestehen, daß es mich bisher auch immer verblüfft hat, daß noch keine der Jungianerinnen weder der ersten noch der zweiten Generation nach Jung etwas diesem Buch Entsprechendes darüber geschrieben hat. Wir mußten wohl erst die dritte Generation abwarten, auf daß ein solches Buch erscheinen konnte. Sicher wurde bereits frü-

herkritisiert. Am Berliner Jung-Institut gab es Vorlesungen und Seminare über Anima und Animus, in denen das Frauenbild von Jung lebhafter Kritik unterzogen wurde, und auch Verena Kast, ebenfalls eine Vertreterin der dritten Generation, hat auf diese Probleme hingewiesen. Wie Frau Baumgardt sehr richtig bemerkt hat, ist Jung bis in sein hohes Alter und bis zu seinen letzten Werken niemals zu einer wirklich emanzipatorischen Veränderung seines Frauenbildes bereit gewesen.

Jeder Mensch wurzelt immer zutiefst in seiner Zeitgeschichte und hat wohl kaum die Möglichkeit, sich aus dieser zu befreien. Es ist einfach, ein halbes Jahrhundert später mit all den Erkenntnissen, die diese Zeitspanne mit sich bringt, über das zu urteilen, was ein oder zwei Generationen früher für das kollektive Bewußtsein eine unbedingte Gültigkeit hatte. So erscheint es mir sehr einfach und primitiv, Freud zu verurteilen, weil er die Frau als ein kastriertes Wesen auffaßte. Meines Erachtens hat Jung für die Emanzipation der Frau etwas sehr Wesentliches getan, indem er die zu seiner Zeit sehr emanzipatorische Konzeption von Anima und Animus in sein theoretisches System aufnahm und damit wenigstens in der Theorie eine Gleichberechtigung der Geschlechter konzipierte. Um diese Theorie auch mit den entsprechenden Inhalten zu füllen, hätte er 50 Jahre später geboren werden müssen. Er hätte die heutigen Generationen von Männern und Frauen erleben müssen und ihr mühsames Ringen um die Verwirklichung der anderen Seite in ihnen. Kein Mensch kann sagen, daß sie auch nur annähernd gelungen ist. Aus den Therapien, die ich heute sehe, und aus vielen Diskussionen mit meiner Frau und deren Patienten haben wir oft den Eindruck, daß die Männer es heute viel schwerer haben, ihre Anima zu finden und zu realisieren, als die Frauen ihren Animus. Die alten Rollen, die noch zu Jungs Zeiten gültig waren, gelten nicht mehr. So sehr es stimmt, daß auch heute noch die Frauen in unserer Gesellschaft benachteiligt sind, so groß ist aber auch die Verunsicherung der Männer. Er darf kein Softi mehr sein, es ist lange vorbei, seit

das en vogue war; er darf aber auch kein Chauvi sein, denn das wäre noch schlimmer. Ein Held? Das darf er auch nicht sein, denn die sind nicht mehr gefragt.
Die Autorin versucht das Dilemma dadurch zu lösen, daß sie das Polaritätsdenken relativiert. Dies entspricht sehr charakteristisch dem matriarchalen Bewußtsein, wie es Erich Neumann beschrieben hat. Während das rational-patriarchale Bewußtsein Trennendes hervorhebt, scharfe Grenzen zieht und die Gegensätze herausarbeitet, entspricht es dem matriarchalen Bewußtsein, die Trennungen aufzuheben, Grenzen zu verwischen und eher im Verbindenden zu denken als im Gegensätzlichen. Es ist schon richtig, daß wir mit dem Setzen von Gegensätzen immer Wertungen verbinden. Mit unserer Fühlfunktion vollziehen wir gewollt oder ungewollt immer Wertungen, die uns vielleicht männlich besser erscheinen lassen als weiblich oder hoch angenehmer als tief. Die Frage, die sich hier für mich erhebt, ist die, ob unsere Wertungen verschwinden, wenn wir nicht mehr polarisieren. Ich möchte das bezweifeln. Solange unsere Psyche so angelegt ist, daß sie nicht nur Fakten aufnimmt, sondern diese auch immer wertet, kann uns die Relativierung der Polaritäten allein nicht weiterhelfen. Es kommt hinzu, daß das Prinzip der Polarität ja weiterbesteht und wir den Gegensätzen und den Verschiedenheiten von Mann und Frau nicht ausweichen können. So kann ich der Autorin in ihrem Konzept, die Begriffe von Anima und Animus fallenzulassen und auf sie zu verzichten, nicht ganz folgen. Meines Erachtens bieten gerade sie die Möglichkeit des Verbindenden zwischen Mann und Frau, unabhängig von dem Frauenbild, das Jung als Person gehabt hat. So könnten wir und alle nachfolgenden Generationen diese Begriffe eher mit anderen Inhalten füllen als mit denen, die Jung von seiner Person und von seiner Zeit her vorgegeben hat. Mir scheint die Wichtigkeit dieses Buches mehr darin zu liegen, auf die negativen Folgen hinzuweisen, die ein einseitig polares Denken hat, indem es Spaltungsprozesse fördert. Damit können auch fal-

sche Wertungen abgebaut werden, die Überlegenheits- oder Unterlegenheitsakzente setzen. Wir können sicher nicht zu einem Matriarchat zurückkehren, das es wohl nie im Sinne einer Herrschaft gegeben hat; aber wir können uns bemühen, matriarchales und patriarchales Denken und Bewußtsein miteinander zu versöhnen, wozu dieses Buch wesentliche Denkanstöße liefert.
Das Märchen vom König Drosselbart, nach dem Shakespeare seine berühmte Komödie «Der Widerspenstigen Zähmung» schrieb, hat offensichtlich sehr patriarchale Züge und muß verständlicherweise Frauen auf die Barrikaden treiben. Ich habe zwei Patienten behandelt, einen Mann und eine Frau, die dieses Märchen als Lieblingsmärchen ihrer Kindheit hatten. Ich habe ihre Krankengeschichten an anderer Stelle ausführlich publiziert. Beide hatten tatsächlich sehr starke destruktive Tendenzen in der Latenz (6.–12. Lebensjahr), die sich sowohl auf den andersgeschlechtlichen Partner als auch auf die eigene Anima bzw. den eigenen Animus bezogen. In der Verschiedenheit ihrer Deutungen, die uns Frau Baumgardt hier beschreibt, gibt sie einen guten Überblick, unter wie vielen verschiedenen Aspekten solch ein Märchen verstanden werden kann. Das immer hermeneutische Verfahren der Deutungen eines derartigen Textes kann uns wertvolle Amplifikationen liefern, die hilfreich werden, wenn uns die Motive eines derartigen Märchens oder das Märchen selbst in der Arbeit mit dem unbewußten Material beim Patienten begegnen. Ein solches Märchen wie der Drosselbart kann natürlich auch, wie es die Autorin hier tut, als ein Beispiel verwendet werden für ein exzessiv dominierendes patriarchales Bewußtsein. Was mir bei den Deutungen von Frau Baumgardt etwas fehlte, war der klare unmißverständliche Hinweis darauf, daß es sich immer, egal ob wir objekt- oder subjektstufig deuten, um die Dynamik innerhalb einer einzelnen individuellen Psyche handelt. Der Vater oder der Mann ist ja nie derjenige draußen, sondern das eigene Introjekt, das man unabhängig und manchmal sehr stark der

Realität widersprechend von dieser Figur in der eigenen Seele trägt. So ist sicher der Konflikt, den die heutigen Frauen in ihrer Emanzipation austragen müssen, auch der Konflikt mit dem eigenen inneren Königsvater und dem eigenen inneren Drosselbart.
Trotz der Kritik, die ich an manchen Stellen geäußert habe, freue ich mich, daß dieses Buch geschrieben wurde. Ich glaube, daß es in unseren Kreisen viele Anregungen zu Diskussionen liefern wird.

Hans Dieckmann

Zur Idee dieses Buches

Dieses Buch schreibe ich aus innerer Notwendigkeit heraus. Ich schreibe es als Psychoanalytikerin Jungscher Richtung, ich schreibe es aber auch als durch Jungsche Theorien definierte und damit betroffene Frau. Mit diesem Buch möchte ich mich ebenso an Kolleginnen und Kollegen, an im Fachbereich Psychotherapie Tätige wenden, wie an interessierte Laien, an Frauen und Männer, die sich zur Jungschen Analyse als Therapie oder/und zur seelischen Weiterentwicklung hinwenden. Das Buch richtet sich an all jene, die tradierte Bilder zu hinterfragen beginnen. Eilige Leser/-innen können das erste Kapitel, in dem ich Teile der Lehre darstelle, ohne weiteres überspringen und gleich im zweiten Kapitel weiterlesen, wo ich meine kritischen Gedanken darzulegen beginne.

Als Psychoanalytiker/-innen haben wir uns seinerzeit alle einmal für eine Therapie-Richtung entschieden und dann das entsprechende Ausbildungsinstitut bis hin zum Abschluß absolviert. Das ist die Basis, von der wir in unserer täglichen Arbeit ausgehen. Wir haben uns das Gedankengut von Freud, Adler oder Jung, von Szondi oder Boss – um nur einige große Tiefenpsychologen zu nennen – angeeignet und verwenden es dann als unser Arbeitsinstrument. Dieses gibt uns die zum Arbeiten scheinbar nötige Sicherheit und Objektivität auf dem unsicheren Feld des Psychischen. So wissen wir schon im voraus, wie die Seele aufgebaut ist, wie sie funktioniert, wie Störungen zustande kommen und wie sie behoben werden können.

Wissen wir es oder glauben wir, es zu wissen?

Hält unser im Studium erworbenes Wissen all unseren Begegnungen im Berufsalltag stand? Oder müssen wir da und dort

Korrekturen im Sinne von Ergänzungen aus anderen Schulrichtungen vornehmen? Müssen wir sogar auf eigene neue Gedanken, Ideen und Erfahrungen eingehen und eigenen Wegen folgen?

Seit längerer Zeit stellt sich mir als Jungsche Analytikerin die Frage nach dem Bild der Frau in der Psychologie C. G. Jungs. Dazu gehört insbesondere der Themenkreis um den sogenannten Animus, jenen gegengeschlechtlichen Anteil in der Seele der Frau, den Jung als männlichen Archetyp bezeichnet hat. Ohne jeden Anspruch auf Vollständigkeit gehe ich im vorliegenden Buch dieser Frage nach, indem ich versuche, das Bild der Frau, wie es C. G. Jung in seinen Gesammelten Werken entworfen hat, nachzuzeichnen, um es danach kritisch zu beleuchten. Ich will versuchen, es aus dem patriarchalen, zeitgebundenen Rahmen zu entfernen und es in einen eigenen, ihm gemäßen zu stellen.

Alles Lebendige ist dadurch lebendig, daß es wächst. Wachstum ist ein Beweis des Lebens. Zu den natürlichen Wachstumsgesetzen gehört unabdingbar, daß alles seine Zeit hat: Wachsen – Blühen – Reifen – Welken – Absterben. Natürliches Wachstum basiert zudem auf den Gesetzen des steten Wandels, d. h. des Werdens und Vergehens. Zu den natürlichen Wachstumsgesetzen eines jeden Menschen gehört beispielsweise ein vollständiger Zahnwechsel: alle Milchzähne fallen aus, und bleibende Zähne stoßen nach. Auch das Zellsystem untersteht dem Gesetz der kontinuierlichen Veränderung: täglich sterben Zellen ab und werden durch neue ersetzt. Der Austausch von Sauerstoff gegen Kohlendioxyd bei der Atmung des Menschen und vieler Tiere sowie umgekehrt der Austausch von Kohlendioxyd gegen Sauerstoff bei der Photosynthese vieler Pflanzen sind Prozesse im Dienste des Lebens, indem Verbrauchtes ausgeschieden und Neues aufgenommen werden muß. In Anbetracht des Jahreszeitenwechsels sprechen wir gerne vom Lauf der Natur. Dem Tag folgt die Nacht, der Ebbe die Flut. Der Mond mit seinen charakteristischen Phasen gilt als Symbol für Werden, Vergehen und Neuwerden und damit für Fruchtbarkeit und Wachstum schlechthin. Diese Beispiele ließen sich beliebig erweitern; sie liefern den sichtbaren Beweis, daß Leben nur dort möglich ist, wo ein stetes Erneuerungsgeschehen gesichert ist. Wenn der Mensch dieses nicht zulassen kann, stellt er sich gegen die Natur- und Wachstumsgesetze. Wer sich gegen das Loslassen, Aufgeben und Verändern sträubt, steht nicht in Einklang mit dem Leben, er entzieht sich den natürlichen Wachstums- und Reifungsprozessen.

Auch eine Lehre untersteht diesen natürlichen Gesetzen. Sie ist und bleibt ihrerseits dann lebendig, wenn sie zu weiteren Gedanken anregt, sich also erweitern und erneuern läßt. Sie ist und bleibt dann relevant, wenn das in ihr Überlebte den neuen Erkenntnissen Platz machen kann, indem es als zeitgebunden oder als zu sehr seinem Erfinder oder Schöpfer verbunden erkannt und abgelegt werden kann. Kulturelle Entwicklungen, die den Gesetzen der Natur folgen und gerade dadurch ihre Lebendigkeit und Aussagekraft erlangen, gründen auf dem naturbedingten Gesetz von «Stirb und Werde». Wo dieser stete Erneuerungsprozeß nicht stattfindet, stellt sich natürlicherweise Stagnation ein. An die Stelle der Lebendigkeit tritt Konservierung. Sie ist dadurch gekennzeichnet, daß ihr die Kraft zur Erneuerung und Veränderung fehlt und daß sie sich dem archetypischen Gesetz der ewigen Erneuerung entzieht.

Auch in der Natur gibt es konservierende Kräfte. Denken wir beispielsweise an die Mammuts, die sich über Jahrtausende im Eis gehalten haben. Sie geben uns interessante Aufschlüsse über längst vergangene Zeiten, aber sie sind durch kein Mittel der Welt mehr zum Leben zu bringen. Ihr Zerfall ist endgültig. Dasselbe Schicksal kann auch überlebte Errungenschaften des menschlichen Geistes ereilen.

Wer an Theoriegebäuden nicht zu rütteln wagt, ist Mitarbeiter und Förderer des Konservierungsprozesses. Konsequente

Konservierung allerdings ist immer zeitlich limitiert, und zwar indem das Konservierte erstarrt, sklerotisch wird und dann trotz aller Erhaltungsversuche nach einer gewissen Zeit dennoch dem Zerfallsprozeß anheimfällt und damit endgültig aus dem Kreislauf des Lebendigen ausscheidet.
Kritik, Infragestellung und Weiterentwicklung des Jungschen Gedankengutes ist ein ganz natürlicher Beitrag zum Erneuerungsprozeß dieser Lehre; nur dies trägt dazu bei, daß sie lebendig bleibt. Erst ein solcher Prozeß erbringt den Beweis, daß sie tatsächlich auf dem grundlegenden Naturgesetz des «Stirb und Werde» aufgebaut ist und daher eben der steten Ergänzung und Wandlung bedarf, die allein der Garant dafür sind, daß sie auch weiterhin lebendig und vor allem wirksam bleibt.

Kritik ist oft fruchtbarer, wenn sie den eigenen Reihen entstammt, da nur hier einschlägiges Wissen und fundierte Erfahrung vorausgesetzt werden können. Dadurch trifft sie sehr gezielt auf den eben beschriebenen Prozeß, der den Fortbestand der fundamentalen Erkenntnisse gewährt, aber Überlebtes als solches entlarvt und damit ermöglicht, daß dieses fallengelassen werden kann. Kritik schafft Platz für neue, weiterführende Gedanken und untersteht damit sehr direkt jenem Naturgesetz, das allem Wirkenden als unabdingbare Voraussetzung zugrunde liegt. Mit Kritik aus den eigenen Reihen wird der Beweis erbracht, wie lebendig und damit wirklichkeitsnah und wirksam Jungsche Psychologie ist. Der Kritik, die nicht aus den eigenen Reihen stammt, fehlt oft die verstehende Grundlage sowie der Blick für die größeren Zusammenhänge. Wir stoßen dabei häufig auf Kritik um ihrer selbst willen. Das neueste mir bekannte Beispiel dieser Art ist jener Artikel über Jung und seine Psychologie im «Spiegel» vom 26. Januar 1987: «Neue Hochzeit mit einem Propheten». Da ist unter anderem zu lesen: «... Alles menschliche Streben, von der Mutterliebe bis zur Sexgier oder zum Appetit auf Würstchen, geht laut Jung auf den ominösen General-Trieb zurück ... Doch für Jung ist das bewußte Ich nur die brüchige Schale des Individuums, eine gesellschaftliche Maske, hinter der sich der wirkliche Mensch vor den anderen und vor sich selber verbirgt...» So hat Jung weder «alles menschliche Streben» noch «das bewußte Ich» je verstanden. Kritik aus dem eigenen Lager ist deshalb ein fruchtbarerer Beitrag zur Erneuerung, weil sie eher in der Lage ist, das Ganze im Auge zu behalten.

Jungs Auffassung von der seelischen Gegengeschlechtlichkeit des Menschen wirkt erst einmal befreiend, da sie keinem der beiden Geschlechter eine Vorrangstellung einzuräumen scheint. Über die unbewußten seelischen Anteile – Jung bezeichnet sie bekanntlich mit Anima und Animus – findet eine Kompensation des eigenen Geschlechts statt, so daß in jedem Mann auch sogenanntes Weibliches und entsprechend in jeder Frau sogenanntes Männliches wirksam ist. Mit dieser These versucht Jung unter anderem, die mehr oder weniger komplizierten Abläufe innerhalb von Beziehungen zwischen Mann und Frau zu erklären.

Jung scheint mit seiner Theorie dem Zeitgeist vorausgeeilt zu sein. Vor allem scheint er gegenüber der abschätzigen und abwertenden Auffassung, die Freud von der Frau hatte, ein ausgewogeneres Bild von der Frau zu haben.

Aber entspricht diese Theorie unserer Wirklichkeit? Erfaßt sie das Wesen von Frau und Mann tatsächlich? Wird sie ihm gerecht, oder trägt sie nicht vielmehr zu dessen Verfremdung bei? Hört sie sich nicht wie eine Idealisierung an, die aber hintergründig eine Abwertung beinhaltet?

Wie steht es insbesondere mit Jungs Frauenbild bzw. seiner Auffassung des Weiblichen? Schreibt er nicht sehr deutlich aus der Sicht eines Mannes, die sich nicht mit der Realität «Frau», sondern vielmehr mit dem Bild, der Imago «Frau» befaßt?

Diese Fragen stelle ich als Frau, die in Jungscher Psychologie ausgebildet worden ist. Ich werde versuchen, sie im folgenden auch aus meiner weiblichen Sicht zu beantworten, also von ei-

nem weiblichen Standpunkt aus, von meinen persönlichen Erfahrungen her neben denen als Analytikerin und Therapeutin. Daß ich meine Antworten nicht innerhalb orthodoxer Jungscher Denkschemata finden kann, wird dabei deutlich. Der Versuch eines eigenen weiblichen Denkansatzes führt mich – so hoffe ich – aus der Enge jeder Orthodoxie, d. h. jeder absoluten Rechtgläubigkeit, hinaus. Mit dieser Einstellung wage ich den Versuch, die menschliche, insbesondere die weibliche Seele sachlicher und realistischer zu sehen. Ich weiß, daß ich dabei Neuland betrete. Das Übernommene hat für mich persönlich nicht mehr uneingeschränkte Gültigkeit, das Neue aber auch noch nicht endgültige, scharf umrissene Formen. Als Denkanstoß soll mein Buch ein Beitrag zur Neubesinnung und vielleicht dadurch zur Befreiung der Frau aus falschen Bildern und überlieferten Vorstellungen sein.
Die Antworten zu meinen Fragen versuche ich schrittweise zu finden, indem ich zuerst die betreffende Jungsche Theorie darstelle, danach meine Kritik anfüge und schließlich nach einer eigenen Auffassung suche. Diese drei Schritte erläutere ich jeweils in einem praktischen Teil, indem ich ein und dasselbe Märchen – den «König Drosselbart» (KHM 52) – entsprechend dem jeweiligen Schritt zu interpretieren versuche. Denn Märchen sind bekanntlich ein Spiegel seelischen Geschehens und weisen psycho-logische Grundmuster auf, zumindest innerhalb der Gesellschaft, in der sie erzählt werden und wirken.

Was ich mit diesem Buch *nicht* bezwecke, ist folgendes:
– Es geht mir nicht um eine generelle Leugnung des Prinzips der Polarität. Es geht mir vielmehr darum, aufzuzeigen, wie das Polaritätsdenken innerhalb des Patriarchats zu einer Spaltung geführt hat, die der realen Erscheinungswelt nicht mehr gerecht wird. Denn dieser Spaltungsvorgang ist nicht wertfrei. Er hat zur Aufstellung einer Wertehierarchie – eines ist besser als das andere – geführt, die u. a. zur Unterdrückung und Verkennung des Weiblichen bzw. der Frau das ihre beigetragen hat.

– Ich will damit nicht die Konzeption des Prinzips von Yin und Yang grundsätzlich in Frage stellen. Ich fasse es als Ganzheitssymbol auf, das mehr umfaßt als männlich und weiblich.
– Ich möchte nicht eine methodische Unsicherheit in bezug auf Märcheninterpretationen schaffen. Ich möchte aber die Einseitigkeit aufzeigen, die darin liegt, daß die Interpretation lediglich subjektstufig vorgenommen wird. Damit fehlt für mich der Realaspekt, wobei es bei der objektstufigen Deutung natürlich auch um die innere Realität geht, die aber im Märchen einen engen Bezug zur äußeren Realität hat. Ein Märchen geht bekanntlich selektiv mit der Realität um, indem es denjenigen Teil aufgreift, zu dem wichtige Objektbeziehungen bestehen.

Mein Dank gilt all jenen Studentinnen und Studenten, von denen ich Fragen und Anregungen bekommen habe. Ferner danke ich auch meinem Freundes- und Kollegenkreis für alle Anregungen und Hinweise. Insbesondere danke ich Ingrid, Hansjürg, Heike und Werner für die vielen fruchtbaren Gespräche und kritischen Einwände, die mir zu immer größerer Klarheit verholfen haben, sowie Cécile und Antje für ihre unermüdliche Hilfe beim Schreiben des Manuskriptes. Ich hoffe, es ist deutlich geworden, daß ich mit meinem Buch nicht noch einen weiteren Beitrag liefern will zur teilweise kritiklosen Verehrung, die C. G. Jung zum Propheten einer neuen Lehre der Seele oder gar einer Heilslehre gemacht hat. Er selbst äußert sich diesbezüglich in einem Brief (Bd. 2, S. 9): «Ich kann nur hoffen und wünschen, daß niemand ‹Jungianer› wird. Ich vertrete ja keine Doktrin, sondern beschreibe Tatsachen und schlage gewisse Auffassungen vor, die ich für diskussionswürdig halte . . . Ich verkünde keine fertige und abgeschlossene Lehre, und ich perhorresziere ‹blinde Anhänger›. Ich lasse jedem die Freiheit, auf seine besondere Art mit den Tatsachen fertigzuwerden, denn ich nehme mir diese Freiheit ja auch heraus.» Meine Auseinandersetzung geschieht aus

einer kritischen Haltung heraus, die auf mehrjähriger psychotherapeutischer Praxis als Jungsche Analytikerin beruht.
Im Gegensatz zu anderen psychotherapeutischen Richtungen hat die analytische Psychologie C. G. Jungs wenig oder kaum Weiterentwicklungen erfahren. Sie hat sich über die Jahre hinweg mehr oder weniger unverändert erhalten – unberührt von den zum Teil revolutionären Entdeckungen im Bereich der psychologischen Forschung. Wenn sie nicht in der Erstarrung stekkenbleiben soll, so sind die Entwicklungsimpulse, die auch mit diesem Buch bewirkt werden könnten, dringend notwendig.
Jung läßt sich bekanntlich gerade durch eine umfassende Neugier und Offenheit neuen Entwicklungen gegenüber charakterisieren, die er kommentierte oder teilweise auch in seine Lehre miteinbezog. Aus der Kenntnis seines Werkes läßt sich schließen, daß er der Stagnation, die in den Jahren nach seinem Tod immer deutlicher eingetreten ist, nicht zugestimmt hätte. In diesem Sinn stehe ich in Jungscher Tradition, die nicht einfach bewahrt, sondern stets nach Weiterentwicklung sucht und um neue Einsichten ringt. Dies ist ein oft mühsamer und langwieriger Prozeß, kann viele Irr- und Umwege beinhalten, ist aber eine notwendige Herausforderung, wenn es um das Verständnis der menschlichen Psyche geht. Mit Jungs eigenen Worten ausgedrückt: «Niemand macht Geschichte, der nicht wagt, seine Haut zu Markte zu tragen, indem er das Experiment, das eben sein Leben selber ist, bis zum Ende durchführt und damit sein Leben nicht als eine Fortsetzung, sondern als einen Anfang erklärt. Das Fortsetzen ist ein Geschäft, das schon vom Tier besorgt wird, das Anfangen aber ist die Prärogative des Menschen, das einzige, was er über das Tierische hinaus aufzuweisen hat» (GW 10, S. 153).
Es ist ein Naturgesetz, daß sich alles weiterentwickelt. Wachstum, das Veränderungsprozesse miteinbezieht, ist ein Zeichen für Lebendigkeit, ist Ausdruck von Leben überhaupt. Nur das bewußte Ja zur Veränderung verleiht auch menschlichen Einsichten und Lehren Lebendigkeit und Wirkkraft.

1. Jungs Konzept von der Polarität der Seele

Die Jungsche Auffassung der Seele beruht auf der Vorstellung eines Schichtenmodells, dessen einzelne Schichten im Sinne eines polaren Prinzips Gegensätzliches darstellen. Diese stehen untereinander in ständiger Beziehung nach den Gesetzen der Gegensätzlichkeit bzw. der Komplementarität: «. . . alles Wirkende beruht auf dem Gegensatz . . .» (GW 9/1, S. 41). Die Polarität, die dort entsteht, wo Gegensätze wirksam werden, ist das Resultat eines dynamischen seelischen Prozesses: aus einem undifferenzierten Ganzen lösen sich Kräfte, die sich in einer bestimmten Gegensätzlichkeit voneinander unterscheiden. In diesem Differenzierungsprozeß entsteht ein Spannungsfeld zwischen seelischen Gegensätzen, die sich komplementär ergänzen und in der Gegensatzvereinigung zum seelischen Erlebnis von Ganzheit führen können. Im Widerstreit der polaren Kräfte kann es aber auch geschehen, daß das Ich erlahmt oder überhaupt zu schwach ist, um den Zustand der Polarität aufrechtzuerhalten. Dann bricht das Kräftefeld zusammen, es sinkt z. B. als Ganzes ins Unbewußte: der Mensch wird dann zu dessen Spielball. Oder es findet eine seelische Spaltung statt, bei der sich das Ich von einem Pol löst, der als solcher ins Unbewußte sinkt und sich mit dem anderen Pol des Gegensatzpaares identifiziert, so daß eine ausgesprochen einseitig ausgerichtete Persönlichkeitsentwicklung einsetzt.
Diese Spaltungsvorgänge, wie wir sie auch in der Geistesgeschichte der Menschheit erkennen können, scheinen notwendige Bedingungen auch im physischen Wachstumsgeschehen des Menschen zu sein insofern, als biologisches Wachstum z. B. auf Zellteilung beruht. Sie kommen auch im psychischen

Bereich vor. Seelisches Wachstum seinerseits vollzieht sich unter anderem durch Erkenntnisvorgänge, die ihrerseits auf klarer Unterscheidung beruhen. Ein Erkenntnisprozeß erfordert oft eine Abspaltung im Sinne einer vorübergehenden, zeitweisen Verdrängung. Erst nachdem z. B. das Kleinkind aus der Einheitswirklichkeit mit der Mutter herausfällt, beginnt sein eigentliches individuelles Wachstum, indem sich das Subjekt einem Objekt gegenüber erlebt. Spaltung ist primär kein pathologisches Geschehen, sondern ein menschlichen Wachstums- und Erkenntnisvorgängen innewohnendes Prinzip, das im Grunde genommen ständig nach seiner Ergänzung sucht. Diese kann durch die integrierende Funktion des Ich vorübergehend gefunden werden – dann befindet sich der betreffende Mensch in einem Zustand seelischen Gleichgewichts. Er fühlt sich wohl und ausgeglichen. Das damit erreichte Gleichgewicht ist jedoch insofern labiler Natur, als sich die gegensätzlichen Kräfte jederzeit wieder polarisieren können und dadurch ein neues Ungleichgewicht entstehen lassen. Dieser Vorgang ist wertfrei und nicht pathologisch; er signalisiert nicht etwa eine Gefahr, er ist vielmehr ein Lebensprinzip. Seelische Lebendigkeit beruht nicht auf der steten Harmonie von Gegensätzen, sondern auf der Kraft, Gegensätze im Sinne des eben geschilderten Lebensprinzips bejahend aushalten zu können.

Dem Bild der entgegengesetzten, gleichwertigen Pole, zwischen denen sich das elektrische Spannungsfeld aufbaut und das der Physik entliehen ist, entspricht in der Psychologie der Zustand innerer Ausgewogenheit. Dieser entsteht aus einer Gleichwertigkeit gegensätzlicher, sich jedoch ergänzender Kräfte, wodurch sich der betreffende Mensch in diesem Augenblick als ganzheitlich erfährt. Nach diesem Zustand innerer Harmonie sehnt sich der Mensch immer wieder neu. Dieser Zustand kann aber aufgrund unterschiedlicher seelischer Wirkungskräfte nicht kontinuierlich aufrechterhalten werden. Denn Leben ist Bewegung zwischen jeweiligen Polen. Ein Mensch, der sich mit sich und den Gesetzen des Lebens auseinandersetzt, versucht nicht in erster Linie zu harmonisieren, er bejaht vielmehr Polarität als Lebensprinzip schlechthin.

Wenn Jung von der Polarität der Psyche spricht, so steht er philosophisch in der abendländischen Tradition von Klassik und Romantik. Hier findet sich der Gedanke der Polarität zwischen Welt-Sein und Welt-Geschehen, indem sich die Entfaltung einer Wesenheit nach zwei entgegengesetzten, sich aber gegenseitig bedingenden und ergänzenden Richtungen hin vollzieht. Dieser Gedanke der Polarität vereint in sich die Gegensätze. Zielt die Klassik auf Versöhnung oder Harmonie bzw. Aufhebung der Gegensätze, so belebt die Romantik den Widerstreit der Kräfte in sich.

Bahnbrechend wird Jung durch die Überwindung des Rationalismus und Positivismus des 19. Jahrhunderts, deren Denken Freud verhaftet bleibt. Für ihn stehen Ursache und Wirkung in einem deutlich kausal-logischen und damit chronologischen Zusammenhang. Jungs Begriff von *gleichzeitiger* Polarität drückt sich dagegen in seiner Auffassung des Bewußtseins aus, dem immer auch ein *mitkonstelliertes* Unbewußtes (gleichzeitig) gegenübersteht. Mit anderen Worten: Polarität, die Jung herausstellt, spielt sich gleichzeitig zwischen dem Bewußtsein und dem Unbewußten ab. Daß Jung das Bewußtsein als subjektiv darstellt, ist leicht nachvollziehbar; neu dagegen ist, daß das Unbewußte objektiven Charakter hat: «Wenn wir daher das Seelische als selbständigen Faktor betrachten, so ergibt sich daraus die Folgerung, daß es seelische Existenz gibt, welche der Willkür bewußter Erfindung und Handhabung entzogen ist. Wenn also jener Charakter von Flüchtigkeit, Oberflächlichkeit, Schattenhaftigkeit, ja von Futilität irgendeinem Seelischen anhaftet, so gilt dies zu allermeist vom Subjektiv-Psychischen, nämlich von den Bewußtseinsinhalten, nicht aber vom Objektiv-Psychischen, dem Unbewußten, welches eine a priori bestehende Bedingung des Bewußtseins und seiner Inhalte darstellt» (GW 9/1, S. 73).

Die Grundlage seelischen Lebens beruht somit auf dem Zusammenwirken dieser beiden Systeme – dem Bewußtsein und dem Unbewußten – als den zwei seelischen Grundprinzipien. Der von Jung beschriebene Individuationsprozeß basiert auf dem *Zusammenspiel* dieser beiden Bereiche, wobei es gilt, immer mehr seelische Anteile der Bewußtwerdung und damit dem Prozeß der Integration zuzuführen. Der Vorgang der Integration bewirkt eine ständige Annäherung an den Zustand seelischer Ganzwerdung. Es ist nicht zu übersehen, daß Jung neben diesen bewußten Bemühungen eines Individuums um Integrationsvorgänge auch unbewußte, sozusagen natürliche Kräfte und Impulse in der menschlichen Psyche beschreibt, die immer wieder zur Ganzheit hin tendieren. Der Begriff des Objektiv-Psychischen, den Jung in diesem Zusammenhang braucht, hat allerdings heute seine Gültigkeit weitgehend verloren, er ist durch die Erkenntnis der Relativität abgelöst worden. Wo heute noch am Objektiv-Gültigen als solchem festgehalten wird, findet eine Verkennung der Realität statt. Wo Seelisches als objektiv bzw. absolut erklärt wird, findet eine Dogmatisierung statt. In Anbetracht der Relativitätstheorie fällt keinem seelischen Aspekt mehr Absolutheitscharakter zu. Daher ist es heute beispielsweise nicht mehr möglich, die Archetypen für absolut zu erklären; denn dadurch würden sie in dogmatischer Weise zu Entitäten, zu Wesenheiten erhoben, was seelischem Leben widerspricht, weil sich Lebendiges jeder Verabsolutierung und Dogmatisierung widersetzt.

Das Jungsche Modell der Seele beruht nicht nur in seiner Gesamtstruktur – dem Bewußtsein und dem Unbewußten – auf dem Prinzip der Polarität. Vielmehr liegt dieses polare Prinzip auch den verschiedenen Teilaspekten der Psyche wirksam zugrunde. In Jungs Konzept gibt es keinen seelischen Anteil, der unabhängig aus sich selbst heraus existiert; jeder Anteil findet seine polare Entsprechung. Allerdings spricht er oft von der Autonomie des Unbewußten, das sich aber ent-

sprechend der Bewußtseinslage des Individuums äußert, d. h., daß es komplementär zum Bewußtsein ist.
Ein weiteres Gegensatzpaar sind daher «Ich» und «Schatten», wobei das Ich als «der Bezugspunkt ... des gesamten Bewußtseinsfeldes ...» (GW 9/2, S. 13) definiert wird. Der sogenannte Schatten wird als derjenige psychische Bereich umrissen, der eben im Schatten des Bewußtseinsfeldes liegt. Ich und Schatten bedingen einander gegenseitig insofern, als der Schatten, Inhalt des persönlichen Unbewußten, eine Erwerbung des individuellen Lebens ist und kompensatorisch zum Ich wirkt. Daher wird der Schatten in dieser Theorie stets gleichgeschlechtlich gesehen.
Eine weitere Polarität erkennt Jung in der Hypothese zweier seelischer Zentren, nämlich dem «Ich» als dem zentralen Bezugspunkt des Bewußtseins sowie dem «Selbst» als dem Bezugspunkt des Unbewußten wie der Gesamtpsyche. Das Zusammenspiel dieser beiden Zentren ist für den Menschen von derart zentraler Bedeutung, daß Jung immer wieder darauf hinweist, so zum Beispiel in «Die Beziehungen zwischen dem Ich und dem Unbewußten» (GW 7). In «Aion» (GW 9/2, S. 32) schreibt er: «Ich möchte nur erwähnen, daß, je mehr und je bedeutungsvollere Inhalte des Unbewußten dem Ich assimiliert werden, sich letzteres desto mehr dem Selbst annähert, auch wenn diese Annäherung nur unendlich sein kann. Daraus entsteht unweigerlich eine Inflation des Ich, wenn nicht eine kritische Sonderung zwischen diesem und den unbewußten Figuren stattfindet. Diese Diskriminierung hat aber nur dann einen praktischen Erfolg, wenn es der Kritik gelingt, einerseits dem Ich vernünftige Grenzen nach allgemein menschlichen Maßstäben zu setzen, und andererseits den Figuren des Unbewußten, nämlich dem Selbst, der Anima, dem Animus und dem Schatten, eine relative Autonomie und Realität (psychischer Natur) zuzubilligen.» Marie-Louise von Franz äußert sich ihrerseits klärend in folgender Weise dazu: «Anscheinend will das Unbewußte das Ich-

Bewußtsein fördern. Dieser Antrieb zur Ich-Bewußtseinsbildung ist eine allgemeine Anlage im Menschen; wenn man dessen Ursprung näher nachgeht, so zeigt sich, daß er von jenem Seelenzentrum herkommt, das Jung das Selbst genannt hat» (Märchen, S. 18f.).

Aus dem Bisherigen geht hervor, wie Jung nicht so sehr einzelnen seelischen Komponenten als solchen einen spezifischen Wert beimißt, sondern vielmehr deren gegenseitigem Zusammenspiel oder Aufeinanderwirken. Er definiert sie je als Pole, die zueinander in Beziehung stehen und sich ergänzen. Seelisches Leben spielt sich somit erst innerhalb dieser Polaritäten ab.

Ein weiteres, bekanntes Gegensatzpaar sind «Persona» und «Ich». Hier ist meist nicht so sehr die Komplementarität als vielmehr eine Art Konkurrenz bzw. ein Spaltungsgeschehen feststellbar: die äußere Erscheinung, die Rolle, die jemand anderen gegenüber spielt, d. h. die Persona, steht nicht in Beziehung zum eigenen Ich, sondern hat sich von ihm abgespalten. Wir können es auch anders formulieren: Das Ich identifiziert sich fälschlicherweise mit der Persona. Das Aufheben dieser Polarität führt zur Entfremdung vom Ich. Deutlicher wird Jungs Auffassung der sich ergänzenden Polarität, wenn die «Persona» als Gegenpol zu «Anima» bzw. «Animus» gesehen wird.

Am deutlichsten ausgeprägt jedoch scheint mir der Gedanke der seelischen Polarität in Jungs Idee der *seelischen* Gegengeschlechtlichkeit zu sein: dem bewußten Ich des Mannes korrespondiert in dessen Unbewußtem ein weiblicher Seelenanteil, die sogenannte Anima – und umgekehrt korrespondiert dem bewußten Ich der Frau in deren Unbewußtem ein männlicher Seelenanteil, der sogenannte Animus. Daraus wird ersichtlich, daß Jungs Strukturmodell der Seele sich nicht etwa nur auf eine symbolische (Opposition männlich-weiblich), sondern auch auf eine ganz konkrete Ebene der Polarität Mann-Frau bezieht. Trifft es etwa zu, daß Jungs Modell der menschlichen

Psyche ganz zentral auf einer polaren Sicht der Geschlechter aufgebaut ist?

Allerdings belegt Jung seine Auffassung der Polarität vor allem mit der Symbolik. Hier stößt er immer wieder auf ein polares Prinzip, das er vorwiegend in den Erscheinungsformen von männlich und weiblich erkennt. Es sei an dieser Stelle aus der Vielzahl dieser Symbole nur auf zwei weltweit verbreitete Symbolkreise hingewiesen: Sonne und Mond bzw. Tag und Nacht im kosmischen sowie Yin und Yang im taoistischen Bereich. Die Vereinigung der Gegensätze führt – wie bekannt – zur Ganzheit oder, psychologisch ausgedrückt, zu einer neuen Stufe des Bewußtseins, die oft im Symbol des Kindes dargestellt wird.

Jungs Auffassung der Seele beruht durchgehend auf dem Gesetz sich ergänzender Polarität, die als Voraussetzung zur Ganzheit gesehen wird. Dabei ist nicht zu übersehen, daß die jeweiligen Pole sich gegenseitig bedingen: einer hängt vom andern ab, aber ebenso bedingt einer den andern. Die enge Beziehung des ersten zum zweiten Pol beruht für Jung unter anderem auch darauf, daß der erste für sich definiert wird und dadurch die Definition des zweiten als dessen Gegensatz entscheidend mitbedingt. Von diesem philosophischen Standort aus begreift er auch die Existenz von Mann und Frau. Den Entwurf seines polaren Welt- bzw. Seelenbildes hat er ganz entscheidend mit dem Begriffspaar männlich/weiblich definiert. Das heißt, die physische wie psychische Erscheinungswelt wird gesamthaft als polar erkannt und läßt sich entweder männlichen oder weiblichen Kategorien zuordnen, die einander gegenseitig bedingen. Eine solche Polarität bilden etwa Himmel und Erde, Logos und Eros oder Bewußtsein und Unbewußtes (GW 9/2, S. 283), wobei jeweils die erste Komponente der genannten Begriffspaare männlichen und die zweite weiblichen Charakters ist.

Zur Illustration meiner knappen Ausführungen zur Jungschen Theorie wird in einem ersten Exkurs das Grimm-Märchen «König Drosselbart» nach den oben skizzierten Jungschen Gesichtspunkten interpretiert. Denn ... «Mythen (in der Jungschen Psychologie auch Märchen, Anm. d. Vf.) sind in erster Linie psychische Manifestationen, welche das Wesen der Seele darstellen ...» (GW 9/1, S. 13). Die Interpretation soll zur Veranschaulichung des knapp beschriebenen Strukturmodells dienen. Ich habe dafür ein Märchen und nicht etwa den Traum eines Einzelmenschen gewählt, um dadurch dem allgemein gültigen Charakter der Jungschen Theorie gerecht zu werden. Denn Märchen nähern sich Abläufen der Kollektivseele an, vorausgesetzt, daß sie nicht allzusehr «frisiert», d. h. der jeweiligen Gesellschaft angepaßt sind. Träume hingegen sind stärker individuell geprägt. Ich kann nicht überprüfen, inwiefern «König Drosselbart» in der Grimmschen Version im Sinne der Zeit und des bürgerlichen Denkens beschnitten ist oder nicht. Ich gehe jedoch trotzdem von einem Märchen dieser Sammlung aus, weil Texte dieser Art, so wie sie sind, bis heute ihre Wirkungsgeschichte haben.

Erster Exkurs: «König Drosselbart»
Subjektstufige Interpretation

Im Volksmärchen, sagt man, spiegelt sich die Seele des Volkes. Daher ist das Volksmärchen auch für den Psychologen von großem Wert und Interesse: es gibt Auskunft über gewisse seelische Abläufe, ohne daß diese explizit benannt sind.
Zum leichteren Verständnis des ersten Deutungsversuches in diesem Buch gestatte ich mir, einige allgemeine Hinweise zum Märchenverständnis aus Jungscher Sicht voranzustellen. Sie sind weitgehend dem Einleitungskapitel zu «Das Weibliche im Märchen» von Marie-Louise von Franz entnommen.
Es gilt aufzuzeigen, «wie sehr Märchenmotive, welche C. G.

Jung bekanntlich als archetypische Bilder bezeichnet, mit dem praktischen Leben verbunden sind; wie sehr die Archetypen als Schicksalsmächte im Leben des einzelnen wirken» (S. 7). «In neuerer Zeit hat sich jedoch die Tiefenpsychologie – oder Psychologie der unbewußten Prozesse – den Märchen zugewandt, weil auffiel, daß viele Träume des modernen Menschen gleiche und ähnliche Motive wie die Märchen aufweisen. Sie scheinen demselben Mutterboden zu entstammen. Die diesen psychischen Mutterboden der Märchen und Mythen schaffende Phantasie des Menschen hat C. G. Jung bekanntlich als das kollektive Unbewußte bezeichnet. Aus ihm entspringen im Menschen immer wieder ähnliche Ur-Phantasie-Motive, die uns über die tieferen seelischen Strukturen des Menschen Auskunft geben können» (S. 8).

Es ist klar, daß die im streng Jungschen Sinne vorgenommene Märcheninterpretation eine wissenschaftlich exakte Vorgehensweise erfordert: «Es erscheinen heute öfters Arbeiten, welche, auf den Erkenntnissen Freuds und Jungs fußend, die Märchen ohne psychologische Fachausdrücke mehr umschreibend interpretieren. Ich halte dies jedoch für ein unsauberes Vorgehen. Wir können nämlich so nicht zum Kern der Sache durchdringen, denn es sind die psychologischen Begriffe (die aus der Beobachtung des aktuellen Seelenlebens entstanden sind), welche allein das Traumhaft-Schwebende des Märchens auf den Boden der Wirklichkeit stellen können. Sie geben uns das Fadenkreuz, welches im überall verschwimmenden Bilderreich eine feste Orientierung ermöglicht» (S. 9).

«Zunächst müssen wir uns der Frage zuwenden, wer die Heldin (bzw. der Held, Anm. d. Vf.) eines Märchens *ist* oder was sie *darstellt*. Ist sie überhaupt eine wirkliche Frau? ... Psychologisch gesehen wissen wir, daß es sich sowohl im Mythos wie im Märchen um archetypische Gestalten handelt, die – oberflächlich betrachtet – wenig zu tun haben mit gewöhnlichen menschlichen Wesen, es handelt sich um *symbolische* Gestalten, deren Sinn wir erst noch ergründen müssen» (S. 13).

Immer wieder weist M.-L. von Franz als Vertreterin des ursprünglichen Jungschen Denkens darauf hin, «daß es im Märchen nicht um gewöhnliche menschliche Gestalten und ihr Schicksal geht. Man weiß ganz gut, daß Handlung und Mitspieler einer anderen Atmosphäre angehören. Wir nennen diese Dimension das Unbewußte und spüren, daß es eine andere Welt ist, die im strengen Gegensatz zu unserer Bewußtseins-Realität steht» (S. 14/15).

Hier kommt die Auffassung der Polarität zwischen den beiden Bereichen des Bewußtseins und des Unbewußten zum Tragen. Das Denken in Gegensätzen steht auch hinter dem Begriff der Kompensation: «Oft aber auch enthalten sie (die Märchen, Anm. d. Vf.) sog. kompensatorische Vorstellungen, d. h. Vorstellungen, welche eine Einseitigkeit der Ideen der Bewußtseinswelt auszugleichen, anzureichern oder sogar durch ihr Gegenteil zu ergänzen streben.»

Zur Verdeutlichung dessen, was die jeweiligen Hauptgestalten im Märchen aus Jungscher Sicht verkörpern, lasse ich nochmals M.-L. von Franz sprechen: «. . . sie sind ein vom Unbewußten erzeugtes symbolisches Bild, welches eine *neue,* meist durch eine Notlage erforderlich gewordene Ich-Haltung verlangt. Sie sind ein Bild-Modell, das dem von seinen Wurzeln abgewichenen Ich zeigt, wie es sich verhalten sollte oder könnte, um dem Prozeß der Reifung und Selbstwerdung, der in jedem Menschen angelegt ist und den C. G. Jung Individuation genannt hat, richtig zu dienen» (S. 17/18). Weiter: «Ihr Schicksal stellt symbolisch dar, wie durch ein bestimmtes Verhalten gewisse allgemeinmenschliche, d. h. archetypische Notlagen immer wieder überwunden werden können» (S. 18). Weiterhin: «Ein solches Modellbild sind auch die Märchenhelden und -heldinnen. Sie dienen als Vorbild, um dem Menschen zu helfen, gewisse immer wiederkehrende Notlagen zu bewältigen» (S. 59).

Diese Einleitung zur nun folgenden Interpretation will ich zur Verdeutlichung mit einem letzten Zitat der gleichen Autorin abrunden: «Die mythologischen Erzählungen über bestimmte Taten von Held und Heldin stellen einen Versuch des Unbewußten dar, ein ideal funktionierendes, vorbildliches Ich zu veranschaulichen. *Der Held verbildlicht somit ein den Notwendigkeiten der Psyche entsprechendes Ich*» (S. 20).

Die Jungsche Psychologie unterscheidet in ihrer Interpretationsmethode eine Objekt- und eine Subjektstufe: alle vorkommenden Personen werden als direkte Vertreter/innen der Außenwelt gesehen, also als Objekte (Objektstufe), oder aber als Repräsentanten innerseelischer Aspekte, also dem Subjekt zugehörig (Subjektstufe). Diese Art «Doppelinterpretation» hat in der Jungschen Psychologie in jedem Fall, wo es um das Verstehen eines Traumes geht, unumstößliche Gültigkeit. In der Interpretation von Märchen wird jedoch – wie aus den vorangegangenen Zitaten ersichtlich ist – im Grunde genommen der subjektstufigen Deutung der Vorrang gegeben, indem die Hauptfigur die Funktion des Ichs übernimmt und die restlichen Figuren unbewußte seelische Anteile der Hauptfigur repräsentieren.

In meinem ersten Deutungsversuch werde ich mich möglichst werkgetreu an die klassische Form der Interpretation halten. Ich gehe somit zunächst von der Subjektstufe aus. Zunächst der Märchentext (KHM 52):

Ein König hatte eine Tochter, die war wunderschön, aber stolz und übermütig, so daß ihr kein Freier gut genug war und sie einen nach dem andern abwies, und noch dazu Spott mit ihnen trieb. Einmal ließ der König ein großes Fest anstellen und lud dazu alle heirathslustigen Männer ein, die wurden in eine Reihe, nach ihrem Rang und Stand geordnet; erst kamen die Könige, dann die Herzoge, die Fürsten, Grafen und Freiherrn, zuletzt die Edelleute. Nun wurde die Königstochter durch die Reihen geführt, aber an jedem hatte sie etwas auszusetzen. Der eine war ihr zu dick: «Das Weinfaß!» sprach sie. Der andere zu lang:

«Lang und schwank hat keinen Gang!» Der dritte zu kurz: «Kurz und dick hat kein Geschick!» Der vierte zu blaß: «Der bleiche Tod!» Der fünfte zu roth: «Der Zinshahn!» Der sechste war nicht gerad genug: «Grünes Holz, hinterm Ofen getrocknet!» Und so hatte sie an einem jeden etwas auszusetzen, besonders aber machte sie sich über einen guten König lustig, der ganz oben stand, und dem das Kinn ein wenig krumm gewachsen war. «Ei», rief sie und lachte, «der hat ein Kinn, wie die Drossel einen Schnabel!» Und seit der Zeit bekam er den Namen Drosselbart.

Der alte König aber, als er sah, daß seine Tochter nichts that, als über die Leute spotten und alle Freier die da versammelt waren verschmähte, ward er zornig und schwur, sie sollte den ersten, besten Bettler zum Mann nehmen, der vor seine Thüre käme.

Ein paar Tage darauf hub ein Spielmann an unter dem Fenster zu singen, um damit ein geringes Almosen zu erwerben. Als es der König hörte, sprach er: «Laßt ihn herauf kommen!» Da trat ein schmutziger Spielmann herein, sang vor dem König und seiner Tochter, und bat als er fertig war, um eine milde Gabe. Dr König sprach: «Dein Gesang hat mir so wohl gefallen, daß ich dir da meine Tochter zur Frau geben will.» Die Königstochter erschrak, aber der König sagte: «Ich habe den Eid gethan, dich dem ersten besten Bettelmann zu geben, den will ich auch halten.» Es half keine Einrede, der Pfarrer ward geholt, und sie mußte sich gleich mit dem Spielmann trauen lassen. Als das geschehen war, sprach der König: «Nun schickt sichs nicht weiter, daß du in meinem Schloß bleibst, du kannst nur mit deinem Manne fortziehen.»

Der Bettelmann nahm sie mit hinaus, und sie kamen in einen großen Wald; da fragte sie:

«Ach, wem gehört der schöne Wald?»
«Der gehört dem König Drosselbart:
hättst du'n genommen, so wär er dein!»
«Ich arme Jungfer zart,
ach, hätt' ich genommen den König Drosselbart!»

Darauf kamen sie über eine Wiese, da fragte sie wieder:

«Wem gehört die schöne, grüne Wiese?»
«Sie gehört dem König Drosselbart:
hättst du'n genommen, so wär sie dein!»
«Ich arme Jungfer zart,
ach, hätt' ich genommen den König Drosselbart!»

Dann kamen sie durch eine große Stadt, da fragte sie wieder:

«Wem gehört wohl die schöne große Stadt?»
«Sie gehört dem König Drosselbart:
hättst du'n genommen, so wär sie dein!»
«Ich arme Jungfer zart,
ach, hätt' ich genommen den König Drosselbart!»

«Das gefällt mir gar nicht», sprach der Spielmann, «daß du dir immer einen andern zum Mann wünschest, bin ich dir nicht gut genug?» Endlich kamen sie an ein ganz kleines Häuschen, da sprach sie:

«Ach Gott! Was für ein Häuselein!
Wem mag das elende, winzige Häuschen sein?»

Der Spielmann antwortete: «Das ist mein und dein Haus, wo wir zusammen wohnen.» – «Wo sind die Diener?», sprach die Königstochter. «Was, Diener!», antwortete der Bettelmann, «du mußt dir selber thun, was du willst gethan haben. Mach nur gleich Feuer an und stell Wasser auf, daß du mir mein Essen kochst, ich bin ganz müd'.» Die Königstochter verstand aber nichts vom Feueranmachen und Kochen, und der Bettelmann mußte selber mit Hand anlegen, daß es noch so leidlich ging. Als sie die schmale Kost gegessen hatten, legten sie sich zu Bett, aber am Morgen trieb er sie schon ganz früh heraus, weil sie das Haus besorgen sollte. Ein paar Tage lebten sie auf diese Art schlecht genug, und zehrten ihren Vorrat auf. Da sprach der Mann: «Frau, so gehts nicht länger, daß wir hier zehren und nichts verdienen. Du sollst Körbe flechten.» Er ging aus, schnitt Weiden und brachte sie heim, da fing sie an zu flechten, aber die harten Weiden stachen ihr die zarten Hände wund. «Ich sehe das geht nicht», sprach der Mann, «spinn lieber, vielleicht kannst du das besser.» Sie setzte sich hin und versuchte zu spinnen, aber der harte Faden schnitt ihr bald in die weichen Finger, daß das Blut daran herunterlief. «Siehst du», sprach der Mann, «du taugst zu keiner Arbeit, mit dir bin ich schlimm angekommen. Nun will ichs versuchen und einen Handel mit Töpfen und irdenem Geschirr anfangen, du sollst dich auf den Markt setzen und die Waare feil halten.» – «Ach», dachte sie, «wenn auf dem Markt Leute aus meines Vaters Reich kommen und sehen mich da sitzen und feil halten, wie werden sie mich verspotten!» Aber es half nichts, sie mußte hin, wenn sie nicht Hungers sterben wollten. Das erstemal gings gut, denn die Leute kauften der Frau weil sie so schön war gern ihre Waare ab und bezahlten, was sie forderte, ja viele gaben ihr das Geld und ließen ihr die Töpfe noch dazu. Nun lebten sie von dem erworbenen so lang es dauerte, da handelte der Mann wieder eine Menge neues Geschirr ein und sie setzte sich an eine Ecke des Markts und stellte es um sich her und hielt feil. Da kam plötzlich ein trunkener Husar daher gejagt und ritt geradezu in die Töpfe hinein, daß alles in tausend Scherben zersprang. Sie fing an zu weinen und wußte nicht vor Angst, was sie anfangen sollte. «Ach wie wird mirs ergehen!», rief sie, «was wird mein Mann dazu sagen!» Sie lief heim und erzählte ihm das Unglück. «Wer setzt sich auch an die Ecke des Markts mit irdenem Geschirr!» sprach der Mann, «laß nur das Weinen, ich sehe wohl, du bist zu keiner ordentlichen Arbeit zu gebrauchen; da bin ich in unseres Königs Schloß gewesen und habe gefragt, ob sie nicht eine Küchenmagd brauchen könnten und sie haben mir versprochen, sie wollten dich dazu nehmen, dafür bekommst du freies Essen.»

Nun ward die Königstochter eine Küchenmagd, mußte dem Koch zur Hand gehen und die sauerste Arbeit thun. Sie machte sich an beiden Seiten in den Taschen ein Töpfchen fest, darin trug sie, was sie von dem übrig gebliebenen erhielt, nach Haus und sie lebten zusammen davon. Es trug sich zu, daß die Hochzeit des ältesten Königssohns sollte gefeiert werden, da ging die arme Frau hinauf, stellte sich vor die Saaltür und sah zu. Als nun alles voll Pracht und Herrlichkeit war, da dachte sie mit betrüb-

tem Herzen an ihr Schicksal, und verwünschte ihren Hochmuth und Übermuth, der sie in diese Armuth gestürzt hatte. Von den köstlichen Speisen, die da ein- und ausgetragen wurden, erhielt sie von den Dienern manchmal etwas geschenkt, das that sie in ihre Töpfchen und wollte es heim tragen. Auf einmal trat der Königssohn in goldenen Kleidern daher, und als er die schöne Frau in der Thüre stehen sah, ergriff er sie bei der Hand und wollte mit ihr tanzen, aber sie wollte nicht und erschrak, denn sie sah, daß es der König Drosselbart war, der um sie gefreit und den sie mit Spott abgewiesen hatte. Als sie sich sträubte, zog er sie herein, da ging das Band auf, welches die Taschen hielt und die Töpfe fielen heraus, daß die Suppe floß und die Brocken umher sprangen. Und wie das die Leute sahen, entstand ein allgemeines Gelächter und Spotten, und sie war so beschämt, daß sie sich lieber tausend Klafter unter die Erde gewünscht hätte. Sie sprang zur Thüre und wollte entfliehen, aber auf der Treppe holte sie ein Mann ein und brachte sie zurück und wie sie ihn ansah, war es der König Drosselbart selbst, der sprach: «Fürchte dich nicht, ich und der Spielmann, der mit dir in dem elenden Häuschen gewohnt hat, sind eins, dir zur Liebe habe ich mich so verstellt und der Husar, der dir die Töpfe entzwei geritten hat, bin ich auch gewesen. Das alles ist geschehen, um deinen stolzen Sinn zu beugen und dich für deinen Hochmuth womit du mich verspottet hast, zu strafen. Nun aber ist's vorüber und jetzt soll unser Hochzeitsfest seyn.» Da kamen die Kammerfrauen und taten ihr die prächtigsten Kleider an, und ihr Vater kam und der ganze Hof und wünschten ihr Glück zu ihrer Vermählung mit dem König Drosselbart, und die rechte Freude fing jetzt erst an. Ich wollte, du und ich, wir wären auch dabei gewesen.

Ich spiele nun im folgenden den subjektstufigen Interpretationsansatz kommentarlos durch.
Die Hauptfigur des Märchens – hier die Königstochter – wird als die Verkörperung des Ich gesehen. Der Inhalt des Märchens zeigt die Entwicklung der noch ledigen Tochter zur verheirate-

ten, erwachsenen Frau auf, den Reifungsprozeß des weiblichen Ich durch die Begegnung mit Animus und Schatten. Das Märchen stellt im wesentlichen Auseinandersetzung und teilweise Integration von Ich und Animus-Anteilen dar.

Zu Beginn tritt ein König als Vater auf, der eine Tochter im heiratsfähigen Alter hat. Diese weist anfänglich jeden Freier ab und zieht damit den Zorn des Vaters auf sich, so daß dieser beschließt, sie an den erstbesten Bettler zu verheiraten. Die Mutter tritt nicht in Erscheinung, das ganze Geschehen spielt sich zwischen Vater und Tochter ab bzw. zwischen Freiern und Tochter. Innerseelisch ist somit das mütterliche Bild inaktiv, es ist das väterliche, das die wesentliche Rolle spielt. Durch die Abwesenheit der Königin wird die Bedeutung und die Einseitigkeit des Königs unterstrichen. Als Regent vertritt er die bewußte Ordnung, das sogenannte kollektive Bewußtsein. Dieses scheint ergänzungsbedürftig zu sein, indem ihm der weibliche Aspekt, d. h. Gefühle, Beziehungsfähigkeit – kurz der Eros – fehlt. Der König nimmt die eigene Spaltung nicht wahr. Er projiziert sie auf seine Tochter, d. h., er delegiert sie an die weibliche Hauptperson, der er die gegengeschlechtliche Ergänzung direkt aufdrängt.

Die Figur des Vater ist für die Tochter das erste, prägende Bild ihres Animus, d. h. des sogenannten männlichen Anteils in ihr. Anders ausgedrückt, wird der Archetyp des Animus durch den Vater erstmals konkretisiert. Unsere Königstochter steht im Bann der väterlichen Gestalt, sie ist von ihrem väterlichen Animus derart fasziniert, daß sie alle Freier automatisch mit dem Vater vergleicht. Ihre Vaterbindung bewirkt unter anderem eine Unzulänglichkeit und Unfähigkeit in Liebesbeziehungen. Da diese für die Frau meist die Brücke zur Welt darstellen, zeigt das Märchen zu Beginn auf, wie sich die Königstochter durch ihre schroffen Abweisungen sämtliche Freier vom Leib hält. Sie folgt blind ihrem Animus.

Ganz allgemein sieht Jung die Auswirkungen einer Vaterbindung bei der Frau, negativ betrachtet, als Härte, Rechthaberei,

Machtansprüche, Kleinlichkeit, Starrsinn, Aggressivität, Verstiegenheit. Positiv betrachtet, sieht er sie in Mut, Tatkraft, Ehrlichkeit, einer unkonventionellen Wahrhaftigkeit und Klarheit, welche neue geistige Werte ihrer Zeit vorausahnend erkennt und durch eine hinreißende und die Seele des Mannes befruchtende Be-geist-erung zu verwirklichen hilft.
Die Besessenheit der Königstochter durch ihren Animus wird in der überscharfen, kritischen und sachlich nicht zu rechtfertigenden Ablehnung der Freier sichtbar; nicht das Ich, sondern vielmehr der Animus bestimmt ihr Verhalten. Als Folge entsteht, vom Bewußtsein unbeabsichtigt, vom Unbewußten hingegen zu guten oder bösen Zwecken gewollt, eine Isolierung und seelische Notlage mit dem deutlichen Anzeichen der Überwältigung durch den Animus: es kommt dann leicht zu Depressionen, allgemeiner Unzufriedenheit, Verlust des Lebensgefühls, begreiflichen Symptomen dafür, daß die eine Hälfte der Persönlichkeit durch den Übergriff des Animus quasi des Lebens beraubt wurde (vgl. Emma Jung, S. 316–319).

Die unentwickelte, weil alles über den gleichen Leisten schlagende, überkritische Einstellung der Königstochter stürzt sie vom königlichen Piesdestal und zwingt sie in die Verbindung mit dem Bettler. Der Hochmut des Ich erfährt eine Korrektur durch einen neuen, bisher unbekannten Aspekt des Animus, nämlich den des Bettlers. Der Beginn des Märchens schildert eine schicksalsbedingte, d. h. archetypische Notlage. Die Absicht des Unbewußten zeigt sich darin, daß es die Vater-Imago – und nicht ein freier Entschluß – ist, welche die Ehe mit dem zerlumpten Spielmann erzwingt. Noch steht die Tochter in der schonungslosen Abhängigkeit des Vaters, der Zugang zu ihren eigenen Gefühlen ist ihr noch verwehrt. Sie ist den Wünschen ihres Vaters ausgeliefert. Anders ausgedrückt: ihr Animus ist noch kongruent mit dem Vater, eine eigene Meinung hat sie noch nicht.

Die Vater- und damit Animus-Besessenheit bewirkt bei der Frau eine gewisse pseudo-männliche, aggressive Aktivität. Diese soll dann die durch die Animus-Besessenheit bewirkte Isolierung wieder aufheben. Ein eigentlicher Circulus vitiosus! Dadurch wird die Königstochter gezwungen, den erstbesten Bettler zu ehelichen.
Die äußere Notlage führt nun zur Konfrontation mit den wirklichen seelischen Gegebenheiten: der Animus erscheint zunächst als ein Mann von verachtetem Stand. Der Bettler ist ein gesellschaftlicher Außenseiter, ganz im Gegensatz zu all den Freiern von Stand und Würde zu Beginn des Märchens. Als Animus muß er demnach Werte verkörpern, die für das Ich der Königstochter neu, im Sinne von unbekannt, von außen her stammend, sind. Sie kommen im Kleid der Armut auf sie zu – erneut ein Gegensatz zum Reichtum der väterlichen Welt. Der Bettler ist gleichzeitig ein Spielmann: der neue Animus hat nicht die einseitig rationalen, abgespaltenen Qualitäten der alten Vater-Imago, des Vater-Ideals. Er steht vielmehr der Gefühlsseite nahe, womit er eine Kompensation zum bisherigen Animus verkörpert. Das Neue, scheinbar Minderwertige erscheint häufig zuerst einmal im Gewand der Armut oder Unscheinbarkeit. Durch die Integration des Neuen erfährt das Ich jeweils eine not-wendige Erweiterung seiner Bewußtseinshaltung.
Der Name «Drosselbart» wird vieldeutig erläutert: er kann auf einen Bröselbart hinweisen, weil die Brotbröseln vom Essen im Bart hängengeblieben sind. Es kann auch ein Spitzbart gemeint sein; dadurch erhält der König Drosselbart mephistophelische Züge: «Spitze Nase, spitzes Kinn, ei da steckt der Teufel drin!» Der Name Drosselbart kann aber auch mit Drossel, Drüssel, Rüssel, Nase, Schnabel in Verbindung stehen, somit also mit der Vorstellung eines dämonischen Vogels, wobei der Vogel ein Symbol des Geistes, der Phantasie und der Intuition sein kann.
Die Verlockung durch den singenden Bettler bewirkt, daß die Königstochter neue, ihr bisher unbekannte Regionen wie

Wald, Wiese und Stadt entdeckt. Dies scheinen drei Symbole für das Unbewußte zu sein, Hinweise auf dessen vielfältige Erscheinungs- und Wirkungsweise. Die Königstochter beginnt neue Werte zu ahnen – sie zieht nur schweren Herzens daran vorbei weiter. Aber das Unbewußte fordert eine tiefergehende, ernsthaftere, direktere Auseinandersetzung: erst durch die Heirat mit dem Bettler – durch ein widerspruchsloses Ja zu einer Ausprägung des Animus, die sich deutlich von der Vater-Imago zu unterscheiden scheint – muß sie sich den eher unerfreulichen, erdhaftigeren Aspekten ihres Unbewußten beugen und sie demütig als zu ihr gehörend annehmen lernen. Bildlich drückt sich dies unter anderem in der Kleinheit des Häuschens aus, das dem Spielmann gehört. Um es zu betreten, muß sich die Königstochter bücken: ihr früherer Animus in den Ausprägungen von Stolz, Spott, Über- und Hochmut ist gebrochen.

Den Forderungen des neuen Animus nachgehend, tauchen ausschließlich weibliche Symbole auf, wie Körbe flechten, Spinnen, Töpferwaren verkaufen, als Küchenmagd dienen. Flechten ist eine systematische, klare Arbeit: Weidenrute um Weidenrute wird ineinandergeflochten. Die ordnende Kraft dieser Tätigkeit führt zu einem Gebrauchsgegenstand, dessen weibliche Symbolik – das Gefäß – unübersehbar ist. Spinnen – einen Knäuel Wolle als Rohmaterial zu einem Wollfaden spinnen, der in einem späteren Arbeitsprozeß weiter verarbeitet werden kann – heißt: «am Faden bleiben», in Geduld aus der Rohfassung ein Produkt herstellen. Symbolisch könnte hier eine neue Art zu denken, eine ursprüngliche Idee, einen ursprünglichen Gedanken geduldig zu Ende denken gemeint sein. Diese neue Art zu denken steht im Gegensatz zu der anfänglichen Animus-Haltung. Das Ich ist jedoch mit diesen weiblichen Tätigkeiten nicht vertraut; denn bekanntlich fehlt die Mutter in diesem Märchen. Es gebricht der Königstochter daher an eigener Mütterlichkeit und Weiblichkeit. Sie stand bisher ganz in der Faszination und unter dem Bann des Vaters bzw. der Vater-Imago, was zur geschilderten Animus-Besessenheit geführt hat. Nun begegnet das Ich seinem Schatten, den anzuerkennen eine notwendige Voraussetzung der Ganzwerdung ist.

Die Waren auf dem Markt, einem Ort der Begegnung, zu verkaufen, heißt wohl soviel, wie in aller Öffentlichkeit zur eigenen Weiblichkeit zu stehen. Die junge Frau erlebt dabei ihre Schönheit; sie ist aber gleichzeitig ungeschickt, indem sie sich in ihrer Freude über den ersten Erfolg zu weit vorwagt. Gleich geschieht der Husarenstreich als ein Rückfall in die alte Haltung: ein wilder Ausbruch des Animus, der im Affekt alle eigenen weiblichen Werte buchstäblich zerschlägt.

Ungesteuerte Affekte treten häufig anstelle mißglückter Anpassungen auf (Jung, Psychologische Typen S. 670). Erregte Aufwallung gehört zu den primitiven Äußerungen allen geistigen Lebens.

Nach dem Affektausbruch geschieht folgerichtig eine Selbstverurteilung durch den Animus: «Laß nur das Weinen, ich sehe wohl, du bist zu keiner ordentlichen Arbeit zu gebrauchen . . .» Diese negative Stimme des Animus ist solange ein bekanntes Phänomen, als die Unterscheidung zwischen Vater-Imago und eigenem Animus noch nicht stattgefunden hat. Sie sorgt dafür, daß Eigeninitiative nicht aufkommen kann oder von vornherein fehlschlagen muß. Eine Abwertung der eigenen Person findet statt. M.-L. von Franz meint dazu: «. . . eine tiefe Selbstunsicherheit ist oft das Werk eines nicht erkannten Animus-Urteils im eigenen Innern der Frau. In der Tiefe flüstert dann der Animus der Frau zu: ‹Du bist ein hoffnungsloser Fall, wozu versuchen? Es nützt doch alles nichts. Dein Leben kann und wird nie anders werden›» (M.-L. von Franz in: «Der Mensch und seine Symbole», S. 191).

Sich als Küchenmagd verdingen zu müssen, heißt zustimmen zur weiblichen Realität in ihrer schlichtesten, für das Leben notwendigen Form, die der Königstochter bisher fremd und unbekannt war. Sie konfrontiert sich also mit einem Schattenaspekt. Erst wenn die Begegnung mit dem weiblichen Schatten in allen möglichen Schattierungen bewußt durchlebt worden ist, kann der Animus in der Gestalt eines geistig-schöpferischen Prinzips hervortreten. In Goethes Dichtung «Hermann und Dorothea» lesen wir (S. 331):

«Dienen lerne beizeiten das Weib nach ihrer Bestimmung;
Denn durch Dienen allein gelangt sie endlich zum Herrschen,
Zu der verdienten Gewalt, die doch ihr im Hause gehöret.
Dienet die Schwester dem Bruder doch früh, sie dienet den Eltern,
Und ihr Leben ist immer ein ewiges Gehen und Kommen,
Oder ein Heben und Tragen, Bereiten und Schaffen für andre.
Wohl ihr, wenn sie daran sich gewöhnt, dass kein Weg ihr zu sauer
Wird, und die Stunden der Nacht ihr sind wie die Stunden des Tages,
Daß ihr niemals die Arbeit zu klein und die Nadel zu fein dünkt,
Daß sie sich ganz vergißt und leben mag nur in andern!»

Beim Hochzeitsfest erkennt sie lange nicht, daß sie die Braut ist. Sie wartet unter der Tür auf die königliche Braut. Diese andere ist aber nichts weniger als ihre eigene, höhere Persönlichkeit, ihr Selbst, dessen Realität nicht eine Begegnung ist, sondern sich als ein Übergang ihrer Lebensform und ihres Seins an ihr selbst vollzieht. Dadurch wird sie inne, daß sie nicht nur die Küchenmagd, sondern auch die königliche Braut des einst verachteten und nun demütig bewunderten Königssohnes ist.
Die Episode der auf Geheiß des Spielmanns bzw. ihres Animus gestohlenen Nahrung zeigt auf, wie bedürftig das Ich noch ist und seine Sehnsucht nach Erfüllung, d. h. nach seelischer Nahrung, nur aus der Sphäre des Animus stillen kann.
Indem sich die Königstochter zu Beginn der Festlichkeiten davon angezogen fühlt und sich gleichzeitig dagegen sträubt, brechen in ihr die alten Gegensätze, die im Märchen als Regieren und Dienen dargestellt sind, wieder auf: der vom Vaterideal nicht unterschiedene, einseitig rational ausgerichtete Animus einerseits und der im Entstehen begriffene, natürlichere, eigene Animus andererseits.

Der junge König hat als Verkörperung ihres neuen Animus die einstige Königstochter zum Dienen, d. h. zur Bejahung ihrer Naturseite gezwungen. Erst jetzt kann er sie richtig lieben, d. h., gerade in dieser scheinbar starren Haltung ihr gegenüber drückt sich seine Liebe zu ihr aus. Die Hochzeit kann nun stattfinden. Durch die königliche Heirat werden auf höherer Stufe die beiden Seiten, Geist und Natur, Männliches und Weibliches wieder zusammengeführt.

Jungs Konzept der seelischen Gegengeschlechtlichkeit

Der Idee der Gegengeschlechtlichkeit in bezug auf die Frau gilt das Hauptinteresse dieses Buches.
Wie bereits früher dargestellt, beruht auch das Konzept von Anima und Animus auf der Idee einer bipolaren Struktur der Seele. Das Gesamtkonzept setzt voraus, daß in der menschlichen Psyche Kräfte in einem kompensatorisch-polaren Prinzip so aufeinander wirken, daß dadurch ein Spannungsfeld entsteht, das sogenannte psychische Energie freisetzt. Das aus heutiger Sicht wohl brisanteste Gegensatzpaar im Jungschen Strukturmodell ist dasjenige des Ich und seiner Gegengeschlechtlichkeit, der sogenannten Anima oder des sogenannten Animus. In jedem Mann wirken weibliche Seelenkräfte, in jeder Frau männliche. Damit scheint auf den ersten Blick eine Harmonisierung der Geschlechter angelegt zu sein. Tatsächlich aber wird zur Aufrechterhaltung der bipolaren Theorie Geschlechtsspezifisches mit einbezogen, das infolgedessen fast ausschließlich unter dem Gesichtspunkt der Polarität gesehen werden muß. Frau und Mann werden so als Polaritäten der Spezies «Mensch» dargestellt. Weiblich und männlich werden so zu Gegensätzen. Die Polarisierung der Geschlechter wird von Jung jedoch durch die Behauptung aufgehoben, daß die geschlechtsspezifischen Eigenschaften auch dem Gegengeschlecht innewohnen, allerdings in unbewußter Form, was

zunächst heißt, daß das jeweilige Gegengeschlecht in Form von Unbewußtheit auftaucht. Damit geht automatisch eine Abwertung des Gegengeschlechtlichen einher (des Männlichen in der Frau, des Weiblichen im Mann); denn Jung macht deutlich, daß dieses zwar grundsätzlich eine Möglichkeit zu neuer Einstellung aus dem schöpferischen Anteil des Unbewußten sein kann. Letztlich aber gehört das Gegengeschlechtliche zu jenen Kräften des Unbewußten, die kaum integriert werden können. Sie hindern den Menschen, die Realität als solche zu erkennen, indem sie immer wieder die realen mitmenschlichen Beziehungen durch unbewußte Projektionen stören und entstellen. Im Zusammenhang von Anima und Animus spricht Jung immer wieder von Projektionen, die sich im Gegensatz zu denjenigen des sogenannten Schattens kaum auflösen lassen: «Es läge nun nahe, anzunehmen, daß diejenigen Projektionen, die sich nur mit größter Schwierigkeit oder zunächst gar nicht auflösen lassen, ebenfalls zum Bereiche des Schattens, das heißt also der negativen Seite der eigenen Persönlichkeit, gehören. Von einem gewissen Punkte an wird aber diese Annahme unmöglich, indem die dann auftretenden Symbole nicht auf das gleiche Geschlecht, sondern auf das entgegengesetzte hinweisen, beim Mann auf die Frau und vice versa. Als Quelle der Projektionen figuriert also nicht mehr der gleichgeschlechtliche Schatten, sondern das entgegengesetzte Geschlecht. Hier begegnet man dem Animus der Frau und der Anima des Mannes, zwei einander entsprechenden Archetypen, deren Autonomie und Unbewußtheit die Hartnäckigkeit ihrer Projektionen erklären. Zwar ist der Schatten nicht weniger ein der Mythologie bekanntes Motiv, aber insofern er zunächst und in erster Linie das persönliche Unbewußte repräsentiert und daher, was seine Inhalte anbetrifft, unschwer bewußtseinsfähig ist, unterscheidet er sich eben durch seine leichtere Durchschau- und Realisierbarkeit von Animus und Anima, die dem Bewußtsein bedeutend ferner stehen und daher unter gewöhnlichen Umständen selten oder nie eingesehen werden. Der Schatten

kann mit einiger Selbstkritik unschwer durchschaut werden, insoweit er persönlicher Natur ist. Wo er aber als Archetypus in Frage kommt, da begegnet man den gleichen Schwierigkeiten wie bei Animus und Anima; mit andern Worten, es liegt im Bereiche der Möglichkeit, daß man das Relativ-Böse seiner Natur erkennt, wohingegen es eine ebenso seltene wie erschütternde Erfahrung bedeutet, dem Absolut-Bösen ins Auge zu sehen» (GW 9/2, S. 19).
Bevor ich mich im einzelnen in den folgenden Kapiteln kritisch mit der Anima-Animus-Theorie auseinandersetze, will ich versuchen, die beiden Begriffe aufgrund von Hinweisen auf das Jungsche Werk zu definieren.

In seinem 1921 erstmals erschienen Buch «Psychologische Typen» fügt Jung im Anhang eigene Definitionen zu den Hauptbegriffen seiner Theorie bei. Daher entnehme ich diesen das erste ausführliche Zitat einer grundlegenden Beschreibung von Anima bzw. Animus. «Der Komplementärcharakter der Seele betrifft aber auch den Geschlechtscharakter, wie ich vielfach unzweifelhaft gesehen habe. Eine sehr weibliche Frau hat eine männliche Seele, ein sehr männlicher Mann eine weibliche Seele. Dieser Gegensatz rührt daher, daß z. B. der Mann nicht durchaus und in allen Dingen männlich ist, sondern er hat normalerweise auch gewisse weibliche Züge. Je männlicher seine äußere Einstellung ist, desto mehr sind darin die weiblichen Züge ausgemerzt; sie treten daher im Unbewußten auf. Dieser Umstand erklärt, warum gerade sehr männliche Männer charakteristischen Schwächen unterworfen sind: sie verhalten sich zu den Regungen des Unbewußten weiblich-bestimmbar und beeinflußbar. Umgekehrt sind oft gerade die weiblichsten Frauen gewissen inneren Dingen gegenüber von einer Unbelehrbarkeit, Hartnäckigkeit und Eigensinnigkeit, welche Eigenschaften in solcher Intensität nur beim Manne als äußere Einstellung zu finden sind. Es sind Züge männlicher Art, die, von der weiblichen äußeren Einstellung ausgeschlossen, zu

Eigenschaften der Seele geworden sind. Wenn wir daher beim Manne von einer *Anima* sprechen, so müssen wir folgerichtigerweise bei der Frau von einem *Animus* reden. Wie beim Manne im allgemeinen in der äußeren Einstellung Logik und Sachlichkeit überwiegen oder wenigstens als Ideale betrachtet werden, so bei der Frau das Gefühl. In der Seele aber kehrt sich das Verhältnis um, der Mann fühlt nach innen, die Frau aber überlegt. Deshalb ist der Mann leichter total verzweifelt, wo die Frau immer noch trösten und hoffen kann, darum bringt er sich eher um als die Frau. So sehr die Frau den sozialen Umständen, z. B. als Prostituierte, zum Opfer fallen kann, so sehr verfällt der Mann den Impulsen des Unbewußten, dem Alkoholismus und andern Lastern» (GW 6, S. 508ff.).

Sobald Jung vom Unbewußten spricht, unterscheidet er klar zwischen der Seele des Mannes und derjenigen der Frau. Gleichzeitig entsteht aber beim Leser der Eindruck, als wolle er die Spannung, die aus der Polarität Mann-Frau – wie aus jeder Polarität – entsteht, aufheben oder in den innerseelischen Bereich des Einzelwesens legen, indem er jedem Geschlecht zur komplementären Ergänzung Gegengeschlechtliches zueignet.

Im Laufe seiner Theorienbildung differenziert Jung die Aussage der Gegengeschlechtlichkeit im Unbewußten dahingehend, daß er zwischen einer positiven und negativen Anima bzw. zwischen einem positiven und negativen Animus unterscheidet. So schreibt er 1939 in «Psychologie und Religion»: «Die Anima ist wahrscheinlich eine Darstellung der Minderheit der weiblichen Gene in einem männlichen Körper. Dies ist umso wahrscheinlicher, als man dieselbe Figur in der Bilderwelt des weiblichen Unbewußten nicht findet. Es gibt dort jedoch eine korrespondierende Figur, die eine gleichwertige Rolle spielt; es ist aber nicht das Bild einer Frau, sondern das eines Mannes. Diese männliche Figur in der Psychologie der Frau ist als ‹Animus› bezeichnet worden. Eine der typischsten Äußerungen beider Figuren ist das, was man seit langem

‹Animosität› nennt. Die Anima verursacht unlogische Launen, der Animus produziert aufreizende Gemeinplätze und unvernünftige Meinungen. Beide sind häufige Traumfiguren. In der Regel personifizieren sie das Unbewußte und geben ihm seinen eigentümlich unangenehmen oder irritierenden Charakter. Das Unbewußte an sich hat solche negativen Eigenschaften nicht. Sie treten hauptsächlich dann in Erscheinung, wenn es personifiziert ist durch diese Figuren und wenn diese anfangen, das Bewußtsein zu beeinflussen. Da sie nur Teilpersönlichkeiten sind, haben sie den Charakter eines inferioren Mannes oder einer inferioren Frau, und daher kommt ihr irritierender Einfluß. Ein Mann unter diesem Einfluß ist unberechenbaren Launen unterworfen, und eine Frau wird rechthaberisch und äußert Meinungen, die am Eigentlichen vorbeigehen.» Dazu schreibt er in einer Anmerkung: «Anima und Animus treten nicht nur in negativer Form auf. Sie erscheinen gelegentlich sogar als Quelle der Erleuchtung, als Boten und als Mystagogen» (GW 11, S. 31 ff.).

Zur gleichen Frage äußert sich Jung 1950 in «Aion» folgendermaßen: «Obschon man Animus und Anima zunächst meist in ihrer negativen und unwillkommenen Erscheinungsweise begegnet, so sind sie doch beide weit davon entfernt, nur eine Art von bösen Geistern zu sein. Sie haben, wie gesagt, auch einen ebenso positiven Aspekt. Um ihrer positiven, numinosen Suggestivkraft willen stellen sie nämlich die archetypischen Grundlagen der männlichen und weiblichen Gottheiten von jeher und überall dar und beanspruchen daher eine besondere Aufmerksamkeit, zunächst die des Psychologen, sodann aber auch die des besinnlichen Laien. Als Numina wirken Animus und Anima bald Gutes, bald Böses. Ihr Gegensatz ist derjenige der Geschlechter. Sie stellen daher ein supremes Gegensatzpaar dar, welches nicht hoffnungslos durch logischen Widerspruch getrennt ist, sondern vermöge der diesem Gegensatze eigentümlichen gegenseitigen Attraktion Vereinigung nicht nur verspricht, sondern auch ermöglicht» (GW 9/2, S. 283).

Um das Konzept von Anima und Animus und dessen Wirkung innerhalb der Gesamtpsyche besser verstehen zu können, trenne ich im folgenden die beiden Begriffe und widme mich zuerst der Darstellung der Anima und danach derjenigen des Animus. Ich beziehe mich dabei immer wieder auf die entsprechenden Stellen im Jungschen Werk, wobei ich jedoch auf eine Gesamtübersicht verzichte. Wer diese erhalten möchte, kann sie sich mit Hilfe des «General Index» des Gesamtwerkes (vorderhand nur zur englischen Ausgabe erstellt) aneignen.

Anima

Generell meint Jung: «Man kann die Anima auch definieren als Imago oder Archetypus oder Niederschlag aller Erfahrungen des Mannes mit dem Weibe. Darum ist das Animabild auch in der Regel in die Frau projiziert» (GW 13, S. 48). Jung spricht von der Anima als einer Personifikation des Unbewußten (GW 9/2, S. 20). Das, was der Mann mit der Frau erlebt, geht nicht verloren, sondern bleibt als seelische Erfahrung erhalten – Jung erweitert diese Aussage sogar vom Individuellen auf das Überpersönliche, indem er daraus eine archetypische Erfahrung macht.

Die ersten Erfahrungen mit dem weiblichen Geschlecht macht der Mann naturgemäß als Säugling mit seiner Mutter als seiner ersten Bezugsperson. Daher ist die Ausprägung der Anima eng mit dem Erleben der eigenen Mutter verknüpft: «Was ist nun dieser projizierende Faktor? ... das Umhüllende, Um- und Verschlingende weist unweigerlich auf die *Mutter* hin, d. h. auf die Beziehung des Sohnes zur wirklichen Mutter, zu deren Imago und zu der Frau, die ihm Mutter werden soll. Sein Eros ist passiv wie der eines Kindes: er hofft eingefangen, aufgesogen, verhüllt und verschlungen zu werden. Er sucht gewissermaßen den schützenden, nährenden Bannkreis der Mutter, den jeder Sorge enthobenen Säuglingszustand, in welchem die

Umwelt zu ihm kommt und ihm sogar sein Glück aufzwingt. Kein Wunder daher, daß ihm die wirkliche Welt entschwindet.» In einer Anmerkung meint Jung dazu «‹Mutter› ist hier und im folgenden nicht wortwörtlich, sondern als Symbol für alles, was als ‹Mutter› wirkt, gemeint» (GW 9/2, S. 20). In gleichem Sinne fährt Jung fort: «Der projektionsbildende Faktor im Falle des Sohnes ist identisch mit der *Mutterimago*, und diese wird daher für die wirkliche Mutter gehalten. Die Projektion kann nur aufgelöst werden, wenn er einsieht, daß es in seinem seelischen Bereich eine Imago der Mutter gibt, und nicht nur dieser, sondern auch der Tochter, der Schwester und der Geliebten, der himmlischen Göttin und der chthonischen Baubo*, überall gegenwärtig als altersloses Bild, und daß jede Mutter und jede Geliebte die Trägerin und die Verwirklicherin dieser gefährlichen Spiegelung ist, welche dem Wesen des Mannes zutiefst eignet. Sie gehört zu ihm, sie ist die Treue, die er gegebenenfalls um des Lebens willen nicht immer haben darf; sie ist die unumgänglich nötige Kompensation für Wagnisse, Anstrengungen, Opfer, die alle mit Enttäuschung enden; sie ist die Tröstung gegenüber all der Bitternis des Lebens, und zugleich mit all dem ist sie die große illusionserregende Verführerin zu eben diesem Leben, und zwar nicht etwa nur zu dessen vernünftigen und nützlichen Aspekten, sondern auch zu dessen furchtbaren Paradoxien und Zweideutigkeiten, in denen sich Gut und Böse, Erfolg und Verderben, Hoffnung und Verzweiflung die Waage halten» (GW 9/2, S. 21 ff.).

Aufmerksamen Leserinnen und Lesern wird auffallen, daß Jung nicht nur von der Mutter als dem für das Bild der Anima nötigen Auslöser spricht, sondern ebenso von der Mutter-

* Baubo ist in der griechischen Mythologie ein altes, aus Kleinasien stammendes Weib, das Demeter in der Zeit ihrer Trauer um die Tochter Kore durch obszöne Gesten zum Lachen zu bringen suchte. Wie in Wehen stöhnend, brachte sie unter ihrem Rock Demeters Sohn Iakchos hervor (vgl. Erich Neumann «Die Große Mutter»).

imago. Diese entsteht dadurch, daß die Mutter im Sohn ein Bild erweckt, das sich nicht vollständig mit demjenigen der realen Mutter deckt, sondern auch noch subjektiv gefärbte Züge aus dem innerseelischen Erlebnisbereich des Sohnes trägt. Die Mutterimago im Jungschen Sinne ist als eine Mischung des real Mütterlichen mit dem archetypisch Mütterlichen zu verstehen.
Obschon Jung durch den Begriff der Mutterimago die eigentliche Bedeutung der leiblichen Mutter für den Sohn einschränkt, ist unübersehbar, wie sich an dieser Stelle der Theorie die Ansichten mit der Entwicklungspsychologie decken. Die Mutter hat eine prägende Wirkung auf das seelische Wohlergehen des Sohnes. Die Anima kann nach Jung für den Mann schicksalbestimmend sein: «Als seine größte Gefahr fordert sie Größtes vom Manne, und wenn er ein solcher ist, erhält sie es auch» (GW 9/2, S. 22). Daher nennt er sie auch «Herrin der Seele».

Wenn die Anima sich konstelliert, tritt sie personifiziert auf: «Der projektionsbildende Faktor ist die Anima, bzw. das Unbewußte, welches durch die Anima vertreten ist. Sie tritt, wo sie erscheint, in Träumen, Visionen und Phantasien, *personifiziert* auf und bekundet damit, daß der ihr zu Grunde liegende Faktor alle hervorstechenden Eigenschaften eines weiblichen Wesens besitzt. Sie ist keine Erfindung des Bewußtseins, sondern eine Spontanproduktion des Unbewußten; auch ist sie keine Ersatzfigur für die Mutter, sondern es hat allen Anschein, als ob jene numinosen Eigenschaften, welche die Mutterimago so einflußreich und gefährlich machen, dem kollektiven Archetypus der Anima, welche sich in jedem männlichen Kind aufs neue inkarniert, entstammen würden» (GW 9/2, S. 22f.).
An dieser Stelle weist Jung – wie an vielen anderen auch – ausdrücklich darauf hin, daß die Anima nicht einfach ein phantasiertes Wesen mit eventuellen mütterlichen Zügen ist, sondern

«alle hervorstechenden Eigenschaften eines weiblichen Wesens besitzt». Gleichzeitig verbindet er diese Aussage mit dem Hinweis auf die schöne Literatur, in der die Anima in den verschiedenen Frauentypen Gestalt annimmt.
Aus dieser Feststellung Jungs ergibt sich unausweichlich die Schlußfolgerung, daß er da, wo er Anima sagt, nicht nur von einem Seelenanteil des Mannes, sondern gleichzeitig auch von der Frau an sich spricht. Was er also über die Anima aussagt, sagt er damit auch über die Frau aus.

Im Sinne bipolarer Vorstellung korrespondieren das Ich des Mannes und dessen Anima oder anders ausgedrückt: die Beziehung des Ich zum Unbewußten geschieht über die Anima. Wenn aber die Anima das Bewußtsein mehr oder weniger beherrscht, d. h. wenn die Anima auf ein schwaches Ich stößt, reagiert dieses sozusagen animos. Animosität beim Mann beruht auf Ichschwäche; die Anima findet im Bewußtsein keinen gleich stark ausgebildeten Pol. Das hat eine «animose Benebelung» zur Folge, die sich «sentimental und ressentimenthaft» äußert (GW 9/2, S. 25). Das Ich wird von Affekten gesteuert, die sich am besten als «irrationale Launen» (GW 9/2, S. 26) definieren lassen. Dadurch wird nach Jung die Anima zu einem «durchaus erfahrbaren Wesen» – und nicht zu einem transzendentalen – denn «affektive Zustände sind unmittelbare Erfahrungen ..., der affektive Charakter trägt beim Manne weibliche Züge» (GW 13, S. 47f.).
Jung spricht in diesem Zusammenhang sogar von Besessenheit durch die Anima: «Gewiß können auch Männer sehr weiblich argumentieren, nämlich dann, wenn sie animabesessen sind und dadurch in den Animus ihrer Anima verwandelt werden. Ihnen geht es dabei hauptsächlich um die persönliche *Eitelkeit* und *Empfindlichkeit*» (GW 9/2, S. 24).
Noch etwas direkter konkretisiert er an anderer Stelle das Besessensein von der Gegengeschlechtlichkeit: «Die von *Anima oder Animus* veranlaßte Besessenheit bietet hingegen

ein anderes Bild. In erster Linie treten bei der Verwandlung der Persönlichkeit die gegengeschlechtlichen Züge hervor, beim Manne die weiblichen und bei der Frau die männlichen. Die beiden Gestalten verlieren im Zustand der Besessenheit ihren Charme und ihre Werte, die sie nur im weltabgewandten (introvertierten) Zustand besitzen, also dann, wenn sie eine Brücke zum Unbewußten bilden. Nach außen gewandt ist die Anima wetterwendisch, maßlos, launenhaft, unbeherrscht, emotional, manchmal dämonisch intuitiv, rücksichtslos, ruchlos, lügnerisch, gleisnerisch und mystisch ... Beide haben schlechten Geschmack: die Anima umgibt sich mit minderwertigen Subjekten ...» (GW 9/1, S. 138).

Sobald die Anima nicht mehr in der Funktion der Übermittlung eines unbewußten Inhaltes an das Ich als dem Kern des Bewußtseins auftreten kann, weil das Ich schwach ist und daher nicht aktiv reagieren kann, wird die Anima autonom – und nach Jungs obiger Beschreibung auch häßlich und nur noch negativ. Das bipolare System bricht zusammen, es bildet sich eine einseitige Polarisierung: «In dem Maße, als der Patient aktiven Anteil nimmt, verschwindet die personifizierte Figur von Animus oder Anima. Sie wird zur Funktion der Beziehung von Bewußtsein und Unbewußtem. Wenn aber die unbewußten Inhalte (eben ... Phantasien) nicht ‹realisiert› werden, so entsteht daraus eine negative Tätigkeit und eine Personifikation, d. h. Autonomie von Animus und Anima. Es entstehen psychische Abnormitäten, Besessenheitszustände in allen Graden von gewöhnlichen Launen und ‹Ideen› bis zur Psychose. Alle diese Zustände sind gekennzeichnet durch ein und dieselbe Tatsache, nämlich daß ein unbekanntes Etwas von einem kleineren oder größeren Teil der Psyche Besitz ergriffen hat, seine widerwärtige und schädliche Existenz gegen alle Einsicht, alle Vernunft und alle Energie ungestört behauptet und damit die Macht des Unbewußten dem Bewußtsein gegenüber bekundet, also *Besessenheit* schlechthin. In diesem Falle entwickelt der besessene Seelenteil in der Regel eine Animus-

oder Animapsychologie. Der Incubus* der Frau besteht aus mehreren männlichen Unholden, der Succubus des Mannes ist ein Weib» (GW 7, S. 246f.).

Die negative Ausprägung der Anima erschöpft sich jedoch nicht in Launenhaftigkeit und Besessenheitszuständen. Sie wird von Jung unter anderm auch im Bild der Hure eingefangen, das sich dort konstelliert, wo ein Mann dem Bild der Frau als der Mutter schlechthin verhaftet ist: «Die überwältigende Mehrheit der Männer auf heutiger Kulturstufe bleiben bei der mütterlichen Bedeutung der Frau stehen, weshalb auch die Anima niemals über die infantil-primitive Stufe der Hure sich hinausentwickelt» (GW 10, S. 54). Dadurch wird die Anima degradiert, sie vermittelt nicht, wie Jung das von der Frau erwartet, Bezogenheit im Sinne von Eros, sondern eher Abspaltung. Diese negativ gewordene Anima ist eine Hure; wobei eine Hure bekanntlich dadurch charakterisiert ist, daß sie Sexualität losgelöst vom Eros ausübt und nicht nach einer Verbindung von Sexualität und Eros fragt.
Beide Arten von Ausprägungen der Anima, die positiven wie die negativen, finden sich in zahlreichen Formen. Es ist nicht Ziel dieses Kapitels, auf alle Möglichkeiten hinzuweisen. Es ist vielmehr beabsichtigt, die hauptsächlichen Wesensmerkmale der Anima, als dem Bild der Frau, das der Mann in sich trägt, aufzuzeigen: «So wie das Urbild der Mutter ein Gesamtbild aller Mütter der Vorzeit ist, so ist auch das Bild der Anima ein überindividuelles Bild, das bei vielen, individuell sehr verschiedenen Männern genau übereinstimmende Züge aufweist, so daß man beinahe einen bestimmten Typus Frau daraus rekonstruieren könnte. Auffallend ist, daß diesem Typus das *Mütterliche* im gewöhnlichen Sinne des Wortes durchaus fehlt. Sie ist

* Incubus: Im Mittelalter Buhlteufel der Hexe; bei den Römern Dämon des Alpdrückens. Succubus: Ein weiblicher Buhldämon im Aberglauben des Mittelalters. Als weiblicher Dämon, der zum Beischlaf verführt, war er ein Hauptgegenstand der Hexenprozesse (aus: dtv-Lexikon, München 1973).

Gefährtin und Freundin im günstigsten Falle, im ungünstigsten ist sie eine Hure» (GW 10, S. 54).

Das Erfahren einer negativen oder positiven Anima scheint gar nicht so sehr voneinander getrennt zu sein, wie man gerne leichthin annimmt: «... dieselbe Anima kann als Engel des Lichts, als Psychopompos erscheinen und zum höchsten Sinne führen» (GW 9/1, S. 38). Hier nimmt die Anima Führungsqualitäten an, die im Grunde genommen die Fähigkeiten einer realen Frau überschreiten. Der Begriff des Psychopompos entstammt der Religionswissenschaft und bezeichnet dort eine Person mit Führungsqualitäten, die dadurch die verstorbene Seele ins Reich der Seligen, ins Jenseits, zu geleiten imstande ist.

Über die schillernde Nähe positiver und negativer Aspekte der Anima meint Jung weiterhin: «Man darf nie vergessen, daß es sich gerade bei der Anima um psychische Tatbestände handelt, die sozusagen niemals zuvor Besitz des Menschen waren, indem sie als Projektionen sich meist außerhalb seines psychischen Bereiches aufhielten. Für den Sohn steckt in der Übermacht der Mutter die Anima, welche manchmal zeitlebens eine sentimentale Bindung hinterläßt und das Schicksal des Mannes aufs schwerste beeinträchtigt oder umgekehrt seinen Mut zu kühnsten Taten beflügelt. Dem antiken Menschen erscheint die Anima als Göttin oder als Hexe; der mittelalterliche Mensch dagegen hat die Göttin durch die Himmelskönigin und die Mutter Kirche ersetzt. Die entsymbolisierte Welt des Protestanten hat zunächst eine ungesunde Sentimentalität hervorgebracht und sodann eine Verschärfung des moralischen Konfliktes, der logischerweise zum Nietzscheschen ‹Jenseits von Gut und Böse› führt, und zwar lediglich infolge seiner Unerträglichkeit. In den zivilisierten Zentren äußert sich dieser Zustand in der zunehmenden Unsicherheit der Ehe» (GW 9/1, S. 38f.).

Die Anima ist gekennzeichnet durch eine ausgesprochene Ambivalenz und übt gerade dadurch eine starke Faszination auf den Mann aus. «Eine unheimliche Huldin von anno dazumal heißt heute ‹erotische Phantasie›, welche unser Seelenleben in peinlicher Weise kompliziert. Sie begegnet uns zwar nicht nur als eine Nixe; sie ist obendrein wie ein Succubus; sie verwandelt sich in vielerlei Gestalten wie eine Hexe und zeigt überhaupt eine unerträgliche Selbständigkeit, die einem psychischen Inhalt von Rechts wegen eigentlich nicht zukäme. Gelegentlich verursacht sie Faszinationen, die es mit der besten Behexung aufnehmen können, oder Angstzustände, die sich von keiner Teufelserscheinung übertrumpfen lassen. Sie ist ein neckisches Wesen, das in vielen Verwandlungen und Verkleidungen uns über den Weg läuft, uns allerhand Streiche spielt, selige und unselige Täuschungen, Depressionen und Ekstasen, unbeherrschte Affekte usw. verursacht. Auch im Zustand der vernünftigen Introjektion hat die Nixe ihr Schalkwesen nicht abgelegt. Die Hexe hat nicht aufgehört, ihre schmutzigen Liebes- und Todestränke zu mischen, aber ihr magisches Gift ist zur Intrige und Selbsttäuschung verfeinert, unsichtbar zwar, aber nicht weniger gefährlich» (GW 9/1, S. 35). Für Jung scheint die Anima über Leben und Tod des Mannes zu bestimmen. Sie ist für ihn keineswegs nur der weibliche Anteil in der Seele des Mannes. Er setzt sie vielmehr immer wieder mit Seele gleich und schildert sie als das Lebendige im Menschen – gemeint ist im Manne: «Seele ist das Lebendige im Menschen, das aus sich selbst Lebende und Leben Verursachende; darum blies Gott dem Adam einen lebendigen Odem ein, damit er lebe ... Sie ist voll von Fallstricken und Fußangeln, damit der Mensch zu Fall komme, die Erde erreiche, sich dort verwickle und daran hängenbleibe, damit das Leben gelebt werde; wie schon Eva im Paradies es nicht lassen konnte, Adam von der Güte des verbotenen Apfels zu überzeugen ... Seele zu haben, ist das Wagnis des Lebens, denn die Seele ist ein lebenspendender Dämon, der sein elfisches Spiel unterhalb und oberhalb der menschlichen Existenz spielt ... Sie ist ein ‹factor› in des Wortes eigentlichem Sinne. Man kann sie nicht machen, sondern sie ist immer das Apriori von Stimmungen, Reaktionen, Impulsen und was es sonst an psychischen Spontaneitäten gibt. Sie ist ein Lebendes aus sich, das uns Leben macht; ein Leben hinter dem Bewußtsein, das nicht restlos diesem integriert werden kann, sondern aus dem letzteres im Gegenteil eher hervorgeht. Denn schließlich ist das psychische Leben zum größeren Teil ein Unbewußtes und umfaßt das Bewußtsein auf allen Seiten...» (GW 9/1, S. 36).

Damit wird auch deutlich, daß wohl Teile der Anima durch das Bewußtsein integriert werden können, niemals aber die Anima an sich. Sie gehört a priori ins Reich des Unbewußten und bildet dort einen unter zahlreichen anderen Archetypen: «Obschon es scheint, als ob der Anima die Gesamtheit des unbewußten Seelenlebens zukäme, so ist sie doch nur ein Archetypus unter vielen. Darum ist sie nicht schlechthin charakteristisch für das Unbewußte. Sie ist nur ein Aspekt desselben. Das zeigt sich schon in der Tatsache ihrer Weiblichkeit. Das, was nicht Ich, nämlich männlich, ist, ist höchstwahrscheinlich weiblich, und weil das ‹Nicht›-Ich als dem Ich nicht zugehörig und darum als außerhalb empfunden wird, so ist das Animabild in der Regel auf Frauen projiziert. Jedem Geschlecht wohnt das Gegengeschlecht bis zu einem gewissen Betrage inne, weil biologisch einzig die größere Anzahl von männlichen Genen den Ausschlag in der Wahl der Männlichkeit gibt. Die kleinere Anzahl an weiblichen Genen scheint einen weiblichen Charakter zu bilden, welcher aber infolge seiner Unterlegenheit gewöhnlich unbewußt bleibt» (GW 9/1, S. 37).
Es fällt auf, daß für Jung die Anima (ebenso der Animus) ein Archetypus – und somit ein Erlebniskomplex – ist, also dem kollektiven Unbewußten entspringt, und damit zum archetypischen Reaktions- und Bereitschaftssystem gehört, das das individuelle Leben eines jeden Menschen bestimmt. «Alles, was die Anima berührt, wird numinos, d. h. unbedingt, gefährlich,

tabuiert, magisch. Sie ist die Schlange im Paradies des harmlosen Menschen voll guter Vorsätze und Absichten ... Indem die Anima das Leben will, will sie Gutes und Böses» (GW 9/1, S. 37).
Ihre eigentliche Funktion, wie sie Jung unter anderem in «Psychologie und Alchimie» beschreibt, ist die des schöpferisch Lebendigen, indem sie eine vermittelnde Funktion zwischen Bewußtsein und Unbewußtem ausübt. Sie kann aber erst in dieser Art wirken, wenn sie von der Projektion des Minderwertigen befreit worden ist.

Diese knappe Darstellung der Anima aufgrund des Jungschen Werkes erfährt im nächsten Kapitel dieses Buches eine kritische Beurteilung, indem ich dort möglichst ausführlich der Frage nach Jungs Frauenbild aufgrund seiner Animavorstellung nachgehen werde.

Animus

Doch vorher wollen wir dem Begriff des Animus, wie ihn Jung geprägt hat, noch etwas genauer nachgehen. Ich versuche mich auch hier wiederum ans Jungsche Werk zu halten, was zur Folge hat, daß sich Leserinnen und Leser auf den nächsten Seiten nochmals einer Fülle von Zitaten gegenübergestellt sehen. Obwohl diese Art der Darstellung den Lesefluß beeinträchtigen kann, möchte ich Jung selbst zu Worte kommen lassen. Denn erst dadurch wird klar, was mit dem Begriff gemeint ist. Allerdings ist es mir nicht möglich, alle diesbezüglichen Stellen aus dem 22bändigen Gesamtwerk zu zitieren; denn dadurch würde dieses Buch unlesbar. Wer Vollständigkeit anstrebt, sei wiederum auf den «General Index» (Englische Gesamtausgabe Band 20) verwiesen. Dem Vorwurf der Willkür versuche ich zu entgehen, indem ich mich bemühe, die verschiedenen Aspekte des Animus dennoch möglichst vollständig anzuführen.

Dem weiblichen Ich steht im Unbewußten der Frau ein männlicher Widerpart gegenüber. Der sogenannte innere Mann oder das sogenannte Männliche in der Seele der Frau ist für Jung unzweifelhaft ein Charakteristikum der weiblichen Psyche, das ihm erst dazu verholfen hat, die Frau an und für sich zu verstehen. Der Animus nimmt daher in der Jungschen Psychologie einen wichtigen Stellenwert ein.
Im Frühwerk «Die Beziehungen zwischen dem Ich und dem Unbewußten» widmet Jung der Frage von Anima und Animus ein ganzes Kapitel, bzw. der Anima die ersten 18 Seiten, dem Animus die letzten 6½ Seiten: «Wenn es nicht gerade eine einfache Aufgabe ist, zu beschreiben, was unter Anima zu verstehen ist, so häufen sich die Schwierigkeiten fast bis zur Unmöglichkeit, wenn die Animus-Psychologie dargestellt werden soll» (GW 7, S. 226). Zu dieser Schwierigkeit Jungs werde ich im Kapitel «Kritik an Jungs Animus-Konzept» Stellung nehmen, wo ich alle meine Einwände zum Animuskonzept aufzeigen werde.
Den Unterschied der unbewußten Psyche von Mann und Frau definiert Jung knapp und präzise: «... was also den *Animus* gegenüber der *Anima* charakterisiert, so kann ich nur sagen: wie die Anima *Launen,* so bringt der Animus *Meinungen* hervor» (GW 7, S. 227). Da Jung nicht müde wird zu betonen, daß der Logos männlichen Charakters ist und somit das Bewußtsein des Mannes charakterisiert, ist der Animus, als das unbewußt Männliche konsequenterweise das Logosprinzip im Unbewußten der Frau. Es zeichnet sich laut obiger – und unzähliger weiterer – Definition durch Meinungen aus, die auf nicht nachweisbaren Voraussetzungen beruhen und daher keine Zweifel zulassen, weil sie diesen nicht standhalten könnten. In späteren Werken spricht Jung daher gerne vom Animus als von einem «Meinungsteufel». Zur Personifikation des Animus benötigt das Unbewußte nicht nur eine, sondern eine Vielzahl von männlichen Figuren: «Der Animus ist etwas wie eine Versammlung von Vätern und sonstigen Autoritäten ... Animus-

meinungen sind stets kollektiv und übergehen Individuen und individuelle Beurteilungen...» (GW 7, S. 228f.). Solange der Animus (das gilt übrigens auch von der Anima) personifiziert in Erscheinung tritt, ist dies für Jung ein Hinweis, daß er der betreffenden Frau ganz unbewußt ist, das heißt, daß sie sich nicht bewußt von ihm unterscheiden kann, sondern sich mit ihm bzw. mit dessen Aussagen identifiziert. Dadurch kann er seine negativen Wirkungen ungestört ausüben. In der Personifikation des Animus sieht Jung einen Beweis der Autonomie des Animus, die zu «psychischen Abnormitäten und Besessenheitszuständen in allen Graden» (GW 7, S. 247) führen kann. Erst wenn die Frau sich aktiv mit ihrem Animus auseinandersetzt, tritt er nicht mehr personifiziert auf, sondern wird «zur Funktion der Beziehung von Bewußtsein und Unbewußtem» (GW 7, S. 246).

Der Animus ist erfaßbar in der Gestalt von Meinungen, Prinzipien und Urteilen, die eine Frau äußert. Solange er vollkommen unbewußt ist, bildet er einen autonomen Komplex, der sich in Personifikationen ausdrückt. Er kann solange nicht dem Bewußtsein integriert werden, als seine Inhalte unbekannt sind.

Jung weist darauf hin, daß dies auch nicht ohne Folgen für den Mann sein kann: «Diese Meinungen haben für den Mann – insofern die Frau hübsch ist – etwas rührend Kindliches, welches ihm zu einer ihm wohltätigen, bevaternden Lehrhaftigkeit verhilft; insofern die Frau aber die sentimentale Seite nicht berührt und infolgedessen Kompetenz und nicht rührende Hilflosigkeit und Dummheit von ihr gewünscht wird, so haben ihre Animusmeinungen für den Mann etwas Irritierendes, hauptsächlich wegen ihrer schlechten Begründung – zu viel Meinung um ihrer selbst willen, um wenigstens auch eine Meinung zu haben, usw. Männer pflegen hier giftig zu werden, denn es ist eine unerschütterliche Tatsache, daß der Animus immer die Anima hervorlockt, wodurch jede weitere Diskussion aussichtslos wird (und natürlicherweise vice versa ebenfalls)» (GW 7, S. 229).

Zu diesen Folgeerscheinungen kommt es laut Jung aber nur, wenn die Frau ihren Animus falsch einsetzt: «Alle diese ebenso bekannten, wie unliebenswürdigen Erscheinungen rühren aber einzig und allein von der *Extraversion des Animus* her. Er gehört nicht in die bewußte Beziehungsfunktion, sondern er sollte die Beziehung zum Unbewußten ermöglichen. Anstatt daß man sich zu äußeren Situationen Meinungen einfallen läßt – zu Situationen, über die man *bewußt nachdenken* sollte –, müßte der Animus als Einfallsfunktion nach innen gekehrt werden, wo er die Inhalte des Unbewußten einfallen lassen könnte» (GW 7, S. 229).
Bewußtes Nachdenken, wie es Jung hier vorschlägt, dürfte aber gerade für die Frau, so wie sie Jung sieht, schwierig sein. Denn ihr Bewußtsein steht für ihn bekanntlich unter dem Gesetz des Eros und nicht des Logos. Wenn Jung sagt, «der Animus ist eine Art Niederschlag aller Erfahrungen der weiblichen Ahnen am Manne» (GW 7, S. 229f.), so stellt er damit den Animus in die Reihe der Archetypen, indem er ihn aus der persönlichen in eine zeitlose, allen Frauen eigentümliche Dimension erhebt. Für diesen Schatz an Erfahrungen findet Jung einen Ausdruck «zeugendes schöpferisches Wesen, allerdings nicht in der Form des männlichen Schaffens, sondern er bringt etwas hervor, das man ein zeugendes Wort nennen könnte» (GW 7, S. 230). Aber dieser Schatz darf nicht nach außen hin, in der Extraversion, seine Anwendung finden, er muß seine Bestimmung vielmehr in der Introversion suchen, indem er eine Brücke bzw. eine Funktion zu den Inhalten des Unbewußten bilden sollte. Wo es einer Frau nicht gelingt, den Animus als eine Funktion nach innen einzusetzen, wo sie ihn also nach außen kehrt, wird sie animusbesessen und ist in Gefahr, ihre Weiblichkeit zu verlieren (vgl. GW 7, S. 230).
Die These, daß der Animus nur im weltabgewandten (introver-

tierten) Zustand seinen Charme und seinen Wert besitzt, also dann, wenn er eine Brücke zum Unbewußten bildet, hält Jung auch in seinem späteren Werk aufrecht: sonst wird er «starr, prinzipienhaft, gesetzgeberisch, lehrhaft, weltverbessernd, theoretisch, in Wörtern verfangen, streit- und herrschsüchtig. Beide (Anima wie Animus, Anm. d. Vf.) haben schlechten Geschmack: die Anima umgibt sich mit minderwertigen Subjekten, und der Animus fällt auf minderwertiges Denken herein» (GW 9/1, S. 138).

In seinem Spätwerk «Aion» findet sich nochmals ein Kapitel über «Die Syzygie: Anima und Animus». Daraus wird deutlich, daß Jung an seiner These, daß «der Mann durch Weibliches, so die Frau durch Männliches kompensiert ist», festhält. Die Entstehung des Animus sucht er parallel zu derjenigen der Anima zu erklären: «Wie der erste Träger des projektionsbildenden Faktors für den Sohn die Mutter zu sein scheint, so für die Tochter der *Vater*. Die praktische Erfahrung von solchen Beziehungen besteht aus zahlreichen individuellen Fällen, welche alle möglichen Varianten des Grundthemas darstellen. Eine getrennte Beschreibung dieser Verhältnisse kann daher nicht anders als schematisch sein» (GW 9/2, S. 23). Jung sieht somit im Vater den ersten projektionsbildenden Faktor für die Tochter, aufgrund dessen die archetypisch vorhandene Grundanlage aktiviert wird. Leserinnen und Leser mögen sich an dieser Stelle selbst ein Urteil bilden zu dieser erstaunlichen Begründung des Animus. In einem der folgenden Kapitel (S. 108f.) werde ich aufzeigen, daß Jung hier wahrscheinlich einem Wunschdenken erlegen ist.

Die Inhalte des Animus bleiben, verglichen mit dem Frühwerk, die gleichen: er verkörpert den männlichen bzw. väterlichen Logos im Unbewußten der Frau. «Bei Männern ist der Eros, die Beziehungsfunktion, in der Regel weniger entwickelt als der Logos. Bei der Frau dagegen bildet der Eros einen Ausdruck ihrer wahren Natur, während ihr Logos nicht selten einen bedauerlichen Zwischenfall bedeutet. Er erregt im Familien- und Freundeskreise Mißverständnisse und ärgerliche Interpretationen, weil er nämlich, statt aus Überlegungen, aus Meinungen besteht. Darunter verstehe ich a priorische Annahmen mit sozusagen absolutem Wahrheitsanspruch. Dergleichen kann, wie jedermann weiß, irritierend wirken. Da der Animus mit Vorliebe argumentiert, so kann man ihn bei rechthaberischen Diskussionen am leichtesten am Werke sehen. Gewiß können auch Männer sehr weiblich argumentieren, nämlich dann, wenn sie animabesessen sind und dadurch in den Animus ihrer Anima verwandelt werden. Ihnen geht es dabei hauptsächlich um die persönliche *Eitelkeit* und *Empfindlichkeit;* den Frauen aber geht es um die *Macht der Wahrheit oder der Gerechtigkeit oder anderer ‹-heiten› und ‹-keiten›,* denn für ihre Eitelkeit haben Schneiderin und Coiffeur bereits gesorgt. Der ‹Vater› (= die Summe hergebrachter Meinungen) spielt im weiblichen Argument eine große Rolle. So freundlich und bereitwillig ihr Eros auch sein mag, so wird sie sich, wenn vom Animus geritten, von keiner Logik der Erde erschüttern lassen. In vielen Fällen hat der Mann das Gefühl (und hat nicht ganz unrecht damit), daß einzig Verführung oder Verprügelung oder Vergewaltigung noch die nötige Über-zeugungs-kraft hätten» (GW 9/2, S. 23f.). Jung festigt hier seine Ansicht, daß der Animus – und damit weibliche Logik – sich gerade dadurch auszeichnet, daß er – und damit auch sie – sich nicht begründen läßt und damit zu dem in der Gesellschaft sattsam bekannten Phänomen des Streites zwischen Mann und Frau führt, der sich nicht beenden und klären läßt, weil die Frau aus dem Unbewußten argumentierend auf das Unbewußte des Mannes trifft und dort Verwirrung stiftet und zügellose Affekte als unbewußte Reaktionen des Mannes bzw. seiner Anima hervorruft. Etwas hat sich gegenüber dem Frühwerk geändert: Jung bringt für die Männer, die zur Gewalt greifen, um ihre irrational argumentierenden Frauen zum Schweigen zu bringen, Verständnis auf und gibt ihnen teilweise recht. Verführung, Verprügelung oder Vergewaltigung scheinen für ihn letztlich der angezeigte Umgang mit dem Animus der Frau zu sein: nicht im gegenseitigen Aufeinandereingehen und in der Anerkennung des Gegengeschlechtlichen in der Partnerin erkennt Jung den Weg zur Verständigung, sondern in der Dominanz des Mannes, die dieser, vor Gewalt nicht zurückschreckend, in seiner Über-zeugungs-kraft finden soll.

Jung zeigt in «Aion» auf, wie sich die beiden Geschlechter im Grunde genommen meistens auf der Anima-Animus-Basis begegnen und daher nur eine «animose», d. h. eine unbewußte, emotionale und kollektive Beziehung herzustellen imstande sind: «Während beim Mann die animose Benebelung hauptsächlich sentimental und ressentimenthaft ist, äußert sie sich bei der Frau in Auffassungen, Deutungen, Meinungen, Insinuationen und Mißkonstruktionen, welche alle den Zweck respektive den Erfolg haben, die Beziehung zwischen zwei Menschen abzuschneiden. Die Frau wird, wie der Mann, durch ihren unheimlichen familiaris eingesponnen und als die, ihren Vater einzig Verstehende (das heißt ewig rechthabende) Tochter ins Schafland versetzt, wo sie sich von ihrem Seelenhirten, dem Animus, weiden läßt» (GW 9/2, S. 25).
Der Vergleich des Animus mit einem Schaf- bzw. Seelenhirten macht die Frau zum Schaf, das von ihrem Animus geweidet bzw. gehütet wird. Jung hat diesen Text 1950 als 75jähriger – also fünf Jahre nach dem Zweiten Weltkrieg – bei der Herausgabe in Buchform gutgeheißen.
Ebenfalls in «Aion» spricht er kurz den positiven Aspekt des Animus an: «Wie die Anima, so hat der Animus auch einen positiven Aspekt. In der Gestalt des Vaters drückt sich nicht nur hergebrachte Meinung, sondern ebensosehr auch das, was man ‹Geist› nennt, aus, und zwar insbesondere philosophische und religiöse Allgemeinvorstellungen, beziehungsweise jene Haltung, die sich aus solchen Überzeugungen ergibt. So ist der

Animus ebenfalls ein Psychopompos, ein Vermittler zwischen Bewußtsein und Unbewußtem und eine Personifikation des Unbewußten. Wie die Anima durch die Integration zu einem Eros des Bewußtseins wird, so der Animus zu einem Logos, und wie jene dem männlichen Bewußtsein damit Beziehung und Bezogenheit verleiht, so diese dem weiblichen Bewußtsein Nachdenklichkeit, Überlegung und Erkenntnis» (GW 9/2, S. 25). Hier wird – wie schon zu Beginn zu Jungs Entdeckung des Gegengeschlechtlichen – der Animus dadurch zur positiven (ich würde eher sagen zur konstruktiven) Kraft, daß er nicht nach außen hin gelebt wird. Er wird von Jung dann als positiv bezeichnet, wenn er als Vermittler – wohlverstanden als Logos! – zwischen dem Bewußtsein und dem Unbewußten auftritt. Jung wählt dazu einen Begriff aus der Religionswissenschaft: der Psychopompos ist jene Führergestalt, die die verstorbenen Seelen vom Diesseits ins Jenseits geleitet und somit für das kosmische Gleichgewicht zwischen Lebenden und Ahnen verantwortlich ist. Diese Stelle weist ferner ausdrücklich darauf hin, daß die positive Wirkung des Animus im Bewußtsein der Frau zu Nachdenklichkeit, Überlegung und Erkenntnis führen kann. Dies sind echte geistige Kategorien, die den Menschen eher zu einer beschaulichen als zu einer aggressiv fordernden Lebenseinstellung führen. Diese positive Sicht des Animus erhält aber immer wieder einen Dämpfer durch Jungs Feststellung, daß zwar wohl dessen Inhalte bewußt gemacht und dadurch integriert werden können, nicht aber der Animus beziehungsweise die Anima selbst, «denn sie sind Archetypen und somit die Grundsteine der psychischen Ganzheit, welche die Grenze des Bewußtseins überschreitet und daher nie Gegenstand unmittelbarer Bewußtheit sein kann. Die Wirkungen von Animus und Anima können zwar bewußt gemacht werden; sie selber aber bilden bewußtseinstranszendente Faktoren, die der Anschauung und der Willkür entzogen sind. Sie bleiben daher autonom, trotz der Integration ihrer Inhalte, und müssen deshalb stets im Auge behalten werden» (GW 9/2, S. 29).

Wenn Jung sich mit der Frage der Wirkung des Gegengeschlechtlichen auf das Ich, das Zentrum des Bewußtseins, auseinandersetzt, wird nochmals klar, daß die positiven Aspekte des Gegengeschlechtlichen für ihn selten und nur beschränkt wirksam sind. «Die Wirkung von Anima und Animus auf das Ich ist im Prinzip das gleiche. Es ist schwierig, sie zu eliminieren, weil sie erstens ungemein stark ist und die Ich-Persönlichkeit sofort mit einem unerschütterlichen Gefühl von Berechtigung und Rechthaben erfüllt, und zweitens weil ihre Ursache projiziert ist, das heißt in Objekten und objektiven Verhältnissen in höherem Maße begründet erscheint. Ich bin geneigt, beide Merkmale dieser Wirkung auf die Eigenschaften des Archetypus überhaupt zurückzuführen. Dieser ist nämlich a priori vorhanden. Aus dieser Tatsache läßt sich das undiskutierte und undiskutierbare, oft ganz irrationale Vorhandensein gewisser Launen oder Meinungen erklären. Die notorische Unbeeinflußbarkeit letzterer dürfte in der Hauptsache darauf beruhen, daß vom Archetypus eine starke suggestive Wirkung ausgeht. Er fasziniert das Bewußtsein und nimmt es hypnotisch gefangen. Nicht selten hat dabei das Ich ein leises Gefühl der moralischen Niederlage und gebärdet sich dann umso abweisender, trotziger und rechthaberischer, womit es auf dem Wege des circulus vitiosus sein Minderwertigkeitsgefühl noch erhöht. Dadurch wird der menschlichen Beziehung der Boden entzogen, denn Größenwahn sowohl wie Minderwertigkeitsgefühl verunmöglichen jene gegenseitige Anerkennung, ohne welche es keine Beziehung gibt» (GW 9/2, S. 25 f.).

Es scheint mir nicht sinnvoll zu sein, über den Animus zu schreiben, ohne auf den erstmals 1929 erschienenen Artikel «Die Frau in Europa» (in vielen Neuausgaben aber immer wieder von Jung gutgeheißen) von Jung näher einzugehen. Denn

dort hat er sich eindrücklich mit der Thematik der Gegengeschlechtlichkeit auseinandergesetzt und wird nicht müde zu betonen, wie sehr der Animus, insbesondere dessen Auswirkungen, zu den Charakteristika der Frau an sich gehören. Dieser 1929 geschriebene Artikel ist erstmals in der ‹Europäischen Revue› (Berlin 1927) erschienen, 1929 dann in der ‹Neuen Rundschau› (Zürich). Er erschien in der Folge im Gesamtwerk (Rascher Zürich) 1932, wurde 1948, 1959 und 1965 dort neu aufgelegt. Eine kleine Korrektur erfuhr er im Laufe der Zeit durch Jung, die eine historische Einschätzung der Weltlage betraf, nicht aber die Aussagen zum Thema ‹Frau›; mit diesen scheint er bis zur letzten Auflage immer wieder neu einverstanden gewesen zu sein. Daher sagt dieser Artikel etwas aus über Jungs Sicht der Frau bzw. deren Psyche; denn er ist über annähernd 30 Jahre unverändert geblieben. Jung verwendet in diesem Artikel den Fachausdruck ‹Animus› relativ wenig, er spricht hier öfters vom Gegengeschlechtlichen, was beides sich bekanntlich in seiner Auffassung deckt.
«Aber niemand kommt um die Tatsache herum, daß die Frauen einen männlichen Beruf ergreifen, in männlicher Weise studieren und arbeiten und damit etwas tun, was ihrer weiblichen Natur zum mindesten nicht ganz liegt, wenn nicht geradezu schädlich ist. Sie tun ja etwas, was ein Mann kaum imstande wäre zu tun, wenn er nicht gerade ein Chinese ist: könnte er sich als Kinderfrau verdingen oder Kleinkinderschullehrerin werden? Wenn ich von Schädlichkeit spreche, so meine ich damit nicht geradezu physiologische, sondern vor allem psychische Schädigung. Es ist ein Kennzeichen der Frau, daß sie alles aus Liebe zu einem Menschen tun kann. Diejenigen Frauen aber, die aus Liebe zu einer Sache Bedeutendes leisten, sind die größten Ausnahmen, weil das ihrer Natur nicht entspricht. Die Liebe zur Sache ist eine männliche Prärogative. Da aber der Mensch Männliches und Weibliches in seiner Natur vereinigt, so kann ein Mann Weibliches und eine Frau Männliches leben. Jedoch steht dem Manne das Weibliche im

Hintergrund, so wie der Frau das Männliche. Lebt man nun das Gegengeschlechtliche, so lebt man in seinem eigenen Hintergrund, wobei das Eigentliche zu kurz kommt. Ein Mann sollte als Mann leben und eine Frau als Frau. Das Gegengeschlechtliche ist immer in gefährlicher Nachbarschaft des Unbewußten» (GW 10, S. 140). Die Charakterisierung des Animus ist hier zusammengefaßt als Liebe zu einer Sache, im gleichen Artikel braucht Jung dafür den Ausdruck ‹Logos›, den er als sachliches Interesse definiert (S. 146). Verständnis für eine Sache, Sachlichkeit an sich ordnet er dem Mann als oberstes bewußtes Prinzip zu, der Frau eignet es nur in unbewußtem Zustand in Form des Animus. Weil Jung das Gegengeschlechtliche dem Unbewußten zuordnet, sagt er damit aus, daß die Frau nie zu klaren, an die Sache gebundene Aussagen kommen kann, vielmehr haften ihren Aussagen definitionsgemäß stets irrationale Züge an. Es sind bloß Meinungen: «Das, was der Frau vom Unbewußten zufließt, ist eine Art *Meinung*, welche ihr erst sekundär die Laune verdirbt. Diese Meinungen treten mit dem Anspruch gültiger Wahrheit auf und erweisen sich als umso dauerhafter und fester, je weniger sie bewußt kritisiert werden. Sie sind, wie die Stimmungen und Gefühle des Mannes, etwas verschleiert, gegebenenfalls sogar ganz unbewußt, und werden darum in ihrem eigentümlichen Charakter nicht erkannt. Sie sind nämlich kollektiv und gegengeschlechtlich – wie wenn ein Mann, zum Beispiel der Vater, sie gedacht hätte» (GW 10, S. 141).
Der Animus als das geistige Prinzip der Frau bringt laut Definition nicht Klärung, sondern er stiftet Verwirrung, indem er verschleiert. Es wird hier sogar ausgeführt, daß das durch den Animus entstellte Denken der Frau nicht ihren eigenen Tiefen entsteigt, sondern im Grunde genommen der Ausdruck väterlichen, ja sogar kollektiven männlichen Gedankengutes ist. Durch die eindeutige Zuordnung des Logos zum Bewußtsein des Mannes geht er der Frau in der bewußten Ausprägung verlustig, er steht ihr nur in der unbewußten, verzerrten Form des Animus zu. «So kann es geschehen – und es geschieht fast in der

Regel –, daß der Verstand (mind) einer einen männlichen Beruf ausübenden Frau, von ihr unbemerkt, für ihre Umgebung aber sehr bemerkbar, von der unbewußten Männlichkeit beeinflußt wird. Daraus entsteht eine gewisse starre Verstandesmäßigkeit mit sogenannten Prinzipien und einer ganzen Menge von Argumentiererei, welche in aufreizender Weise immer etwas daneben geht und immer ein kleines Etwas ins Problem hineinlegt, das nicht drin liegt. Die unbewußte Voraussetzung oder Meinung ist der schlimmste Feind des weiblichen Wesens, gelegentlich geradezu eine dämonische Leidenschaft, welche die Männer irritiert und verstimmt und der Frau selber den größten Schaden zufügt, indem sie den Charme und den Sinn des weiblichen Wesens allmählich überwuchert und in den Hintergrund drängt. Eine solche Entwicklung endet schließlich in einer tiefen Entzweiung mit sich selbst, das heißt mit einer Neurose» (GW 10, S. 141).

Wenn die Frau versucht, ihren Logos einzusetzen als vollwertige Kraft ihres Bewußtseins, so fällt sie laut Jung einer Täuschung anheim. Denn dieser steht ihr im Bewußtsein nicht zur Verfügung; männlich-logisches Denken hat bei ihr immer den Beigeschmack des Unbewußten bzw. unbewußter Trübungen. Dadurch, daß die Frau im Bewußtsein eine Kraft einsetzt, die ausschließlich dem unbewußten Bereich ihrer Psyche angehört, läuft sie – immer laut obigem Zitat – Gefahr, eine Dissoziation zwischen den beiden Bereichen der Psyche – dem bewußten und dem unbewußten – herbeizuführen, was eine Neurose nach sich ziehen kann.

Der Artikel enthält keinen Hinweis auf einen positiven Aspekt des Animus. Es wird vielmehr immer wieder darauf hingewiesen, wie falsch die Frau beraten ist, wenn sie sich auf ihren Animus einläßt und als denkender Mensch sich im Leben durchzusetzen versucht. Dann obliegt sie der Gefahr der Vermännlichung; denn der Animus ist nur dann sinnvoll, wenn er die Verbindung nach innen herstellt.

Nachdem ich in diesen ersten Kapiteln versucht habe, einen Überblick über Jungs Konzept der Polarität im allgemeinen und über das Anima-Animus-Konzept im speziellen zu vermitteln, wende ich mich nun im zweiten Teil meines Buches der Kritik dieses Konzeptes zu. Ich gehe der Frage nach, welchen Beitrag diese Auffassung im Hinblick auf die Frau geleistet hat. Zur Illustration des Gesagten bringe ich jeweils eine weitere Interpretation des Märchens vom «König Drosselbart». Die erste, vorangegangene Interpretation (Erster Exkurs) habe ich zur Erläuterung von Jungs Theorie eingesetzt.

2. Kritik an Jungs Konzept der Psyche in bezug auf die Frau

Im vorausgegangenen Kapitel habe ich jene drei Punkte aus Jungs Lehre von der Seele des Menschen relativ ausführlich dargestellt, die meiner Meinung nach in bezug auf die Frau und deren Psyche neu überdacht werden müßten: das Polaritätsprinzip, die Inhalte der Anima sowie der Animus als solcher. Ich habe dabei meiner Leserschaft zugemutet, sich anhand vieler Zitate aus dem Gesamtwerk Jungs einen eigenen Eindruck zu verschaffen, wie Jung selbst seine Theorie und Begriffe beschrieben und erläutert hat. Um ein möglichst unverstelltes Bild zu vermitteln, habe ich Wiederholungen in Kauf genommen und mit eigenen Stellungnahmen abgewartet. Dabei habe ich meinen begleitenden Text im wesentlichen nur in erläuterndem und nicht in kritischem Sinne beigefügt. Meine Einwände erfolgen der Klarheit und Übersichtlichkeit halber erst im folgenden.

In seinem letzten Werk «Mysterium conjunctionis», an dem Jung rund zehn Jahre lang geschrieben hat, steht ein Satz, den ich meinen Überlegungen zu Jungs Auffassung von der Frau und ihrer Psyche voranstellen möchte, weil er meines Erachtens von allgemeiner Gültigkeit ist und jede menschliche Aussage relativiert. Auch ich schließe mich davon nicht aus: «Alles Verstehen ... fällt unter die Kategorie des Zeitbedingten» (GW 14/1, S. 189).

Darin liegt die Begründung, warum jede Zeit wieder für sich klären muß, welche Anteile der alten Lehre ihre Gültigkeit behalten können, und was, entsprechend dem neuen Zeitgeist und den neuerrungenen Erkenntnissen, der Veränderung,

Ergänzung und Erweiterung bedarf. So verstehe ich auch meine Arbeit und mein Suchen nach einem besseren Verständnis der weiblichen Psyche. Meine Kritik betrifft die drei oben aufgezählten Faktoren der Jungschen Psychologie, die ich hier nochmals kurz vorstellen will, um daran anschließend in diesem wie im nächsten Kapitel ausführlich darauf einzugehen.

Mein erster, grundlegender Einwand gilt der einseitig bipolaren Sicht Jungs. Denn diese ist nicht wertfrei. Sie setzt die Frau auf den zweiten Platz. Diese Zweitrangigkeit ist Ausdruck eines hierarchischen Denkens, das bereits vom Ansatz her falsch sein muß, weil es den Menschen ‹Frau› nicht wesensgemäß erfassen kann.
Der zweite Punkt meiner Kritik betrifft die Charakterisierung der Anima. Da Jung an verschiedenen Stellen in seinem Werk darauf hinweist, daß das Gegengeschlechtliche im Mann schlechthin die Wesenszüge der Frau trage, geht aus den Beschreibungen der Anima klar hervor, wie Jung die Wesenszüge der Frau sieht. Er erhebt den Anspruch, ein realistisches Bild von der Frau zu haben. Tatsächlich beschreibt er nur neurotische Frauen, bzw. er bringt lediglich die Vorstellungen und Projektionen des Mannes zu Darstellung. Meine Einwände beschränken sich auf die Inhalte, die Jung der Anima zuschreibt – und damit auf dessen Bild von der Frau –, nicht aber auf die Existenz der Anima als solcher. Auf diese beiden Einwände werde ich im folgenden näher eingehen.
Mein dritter Einwand, der Haupteinwand, gilt jedoch der Theorie des Animus. Meine diesbezüglichen Gedanken werde ich im nächsten Kapitel ausführlich darstellen.

Zweitrangigkeit der Frau in Jungs bipolarem Denkansatz

Zum besseren Verständnis meines Einwandes über die Stellung der Frau sei nochmals daran erinnert, daß Jungs bipolarer

Denkansatz klar die Existenz zweier seelischer Pole fordert, die sich einerseits deutlich voneinander unterscheiden und sich andererseits gleichzeitig gegenseitig durch eine zwischen ihnen wirksame Kraft beeinflussen. Ich denke, daß es jene Kraft ist, von der schon Goethe sagte, daß sie die Welt im Innersten zusammenhält.

Diese durch die Gesetze der Elektrizität bestätigte Polaritätstheorie läßt sich bekanntlich auf den Menschen übertragen. Jung seinerseits versucht damit die psychische Existenz der geschlechtlichen Unterschiede nicht nur zu erklären, sondern auch zu begründen. Was geschieht nun aber, wenn diese Hypothese zur Erklärung der Existenz der beiden Geschlechter benutzt wird, ja noch mehr, wenn versucht wird, damit die Unterschiedlichkeit der Geschlechter überhaupt zu begründen? Dann heißt dies doch erst einmal ganz generell, daß eine Unterschiedlichkeit – und wir sprechen jetzt von der Psyche des Menschen – im seelischen Bereich prinzipiell, d. h. von Anfang an, vorhanden sein muß. Frau und Mann müssen von diesem Denkansatz her sich nicht nur biologisch, sondern ebenso psychisch unterscheiden. Denn sonst kann der bipolare Ansatz nicht aufrechterhalten werden. Die Gegensatzstruktur fällt bekanntlich in sich zusammen, wenn die polare Grundlage fehlt. Der bipolare Denkansatz baut auf dem Gedanken der Polarität auf. Auf den Menschen angewandt heißt dies, daß sie sich im Rahmen einer bipolaren Sicht in Form von zwei entgegengesetzten, sich primär ausschließenden Kategorien zu unterscheiden haben. Denn diese Sichtweise setzt Unterschiede voraus, die dann wiederum untereinander in einer Beziehung stehen müssen und durch ein Austauschsystem oder Spannungsfeld miteinander verbunden sind. Dies scheint auf den ersten Blick eine einleuchtende Erklärung für das Vorhandensein zweier Geschlechter auf biologischer wie auf psychischer Ebene zu sein. Deren gegenseitige Attraktivität liegt in der Unterschiedlichkeit. Frau und Mann finden zusammen aufgrund ihrer polaren Natur im Rahmen einer sich gegenseitig

bedingenden Dualität, die dann erst etwas Ganzheitliches entstehen läßt.
Aus dieser Sicht kann sich der Einzelmensch im Grunde genommen nie ganz oder vollständig fühlen; er ist von einer unablässigen Sehnsucht nach seiner Ergänzung erfüllt. Zwar räumt ihm Jung die Möglichkeit zur Ganzwerdung insofern doch noch ein, als er Mann wie Frau intrapsychische Gegengeschlechtlichkeit in Form von Anima und Animus zuordnet. Doch darüber werde ich mich später noch äußern. Tatsache bleibt, daß ein polares Modell immer zwei Gegenpole – hier die Psyche des Mannes wie diejenige der Frau – voraussetzt, d. h., der eine bedingt den anderen, und erst in ihrer gegenseitigen Wirkung aufeinander machen sie das System vollständig oder funktionstüchtig. Vollständigkeit bzw. Ganzwerdung ist somit nur innerhalb der Abhängigkeiten zwischen Mann und Frau möglich. So gesehen wird das heute als wichtig und notwendig erkannte Autonomiestreben in vielen Punkten von vornherein sinnlos, weil es den Grundbedingungen dieses Systems zuwiderläuft. Der Einzelmensch wird innerhalb dieses Konzepts zum Mängelwesen, das einer Ergänzung bedarf, aus der heraus er erst vollständig wird.
Wenn nun aber Jung, dem Denkansatz folgend, vom Mann spricht, so setzt er ihn als den ersten Pol ein. Zur Erfüllung des bipolaren Modells braucht es noch – wie wir bereits wissen – einen zweiten Pol, d. h. eine Entsprechung zum ersten. Dieser zweite Pol muß sich vom ersten zugleich im Sinne eines Gegensatzes unterscheiden wie auch zu ihm im Sinne einer Komplementarität in Beziehung stehen. Diese Aufgabe fällt der Frau zu. Damit wäre der Denkansatz erfüllt, das System müßte funktionieren. Das Ganze funktioniert aber nur, wenn die beiden Pole entsprechend auf ihre Aufgaben abgestimmt bzw. eingestellt sind. Wer das umfangreiche Schrifttum Jungs aufmerksam liest, stößt immer wieder auf Stellen, wo Jung seine Gedanken zur Polarität darlegt, indem er sich zuerst einmal auf den Mann und dessen Psyche bezieht, also von ihm ausgeht.

Davon leitet er jeweils ab, wie aufgrund dessen, was er beim Mann gefunden hat, die Psyche der Frau beschaffen sein muß. Gleichzeitig stellt er dieses deduktive Denken in den Dienst der Definition des zweiten Platzes in seiner bipolaren Sicht der Geschlechter.
Jung kann als Mann sehr wohl die männliche Psyche erforschen. Aber er erliegt einem grundlegenden Irrtum, wenn er daraus direkte Schlüsse für die Frau zieht, die er auch noch als Fakten hinstellt. Damit macht er den Mann zum festen Ausgangspunkt seiner Überlegungen und innerhalb des genannten Denksystems die Frau zum anderen, sekundären Pol. Wenn bereits feststeht, wie der erste Pol ist, so bleibt für den zweiten keine Freiheit und keine Wahl zu sein, keine eigenständigen Eigenschaften wie auch keine Entwicklungsmöglichkeit übrig. Er ist von vornherein dadurch definiert, daß er nichts anderes als eine systemgerechte Entsprechung zu sein hat. Und diese Aufgabe fällt bei Jung der Frau zu. Im Klartext heißt dies nichts Geringeres, als daß die Frau in der Psychologie C. G. Jungs durch den Mann determiniert wird. Sie hat sich psychisch primär vom Mann zu unterscheiden und zwar so, daß sie ihn komplementär ergänzt und dadurch zu ihm in Beziehung zu stehen kommt. Dies fordert der bipolare Denkansatz, mit dem Jung – indem er immer zuerst vom Mann ausgeht – die Vorrangstellung des Mannes gegenüber der Frau zu beweisen versucht. An diesem Punkt denkt er ausgesprochen patriarchal.
Wenn Jung also von der Frau spricht, dann meint er jenes andere, das sein bipolares Weltbild aufrechtzuerhalten hat. Somit ist die Frau vom Mann her definiert; denn sonst stürzt das ganze Gebäude Jungscher Sichtweise in sich zusammen. Sie ist seine Ergänzung und hat sein Gegenpol zu sein. Diese Sichtweise hindert ihn, die Frau wirklich zu erfassen.
Jungs Auffassung von der Frau basiert darauf, daß er ganz selbstverständlich und ohne darüber zu reflektieren, den Mann zum Ausgangspunkt seiner Betrachtungen macht. Für die Leser/-innen des Jungschen Werkes ist daher immer erst an

zweiter Stelle die Rede von der Frau, nämlich erst dann, wenn über den Mann geschrieben worden ist. Sie wird damit rein visuell – aber eben auch in ihrer Lebenswirklichkeit – auf den zweiten Platz gestellt. Erschwerend kommt zusätzlich hinzu, daß dieser zweite Platz nicht einfach frei eingenommen werden kann, er gehört vielmehr in ein festes System und ist dadurch bereits festgelegt, d. h. mit bestimmten Eigenschaften besetzt, die dem ersten Platz komplementär entgegengesetzt zu sein haben. Daraus drängt sich die Schlußfolgerung auf, daß die Frau nicht so sein kann, wie sie de facto ist, sondern so sein muß, daß sie in das System bzw. auf den zweiten Platz paßt. Damit wird unmißverständlich klar, daß Jung sich ein Bild von der Frau machen muß, durch das er sein Konzept von der Psyche des Menschen aufrechterhalten kann, das in sein System und in seine Auffassung von den Geschlechtern paßt.
Jung erfaßt das Wesen der Frau systembedingt. Als Mann gilt seine ganze Nähe dem eigenen Geschlecht. In einer unreflektierten Bevorzugung seines Geschlechts wird er nicht müde, immer wieder die Psyche des Mannes zu charakterisieren und zum Ausgangspunkt seiner Betrachtungen zu machen. Damit zeigt er, daß er ihr den angestammten – eben den ersten – Platz einräumt, und alles, was nachher folgt, hat sich danach zu richten – entsprechend dem System und dem bereits besetzten Platz. In der Psychologie spricht man an dieser Stelle von Projektionen, die als solche erkannt werden müßten, um sich ihrer bewußt zu werden und sie zurückzunehmen. Jung benutzt seine eigenen Projektionen hingegen zur Darstellung eines Bildes von der Frau, das in sein polares Welt- und Menschenbild paßt. So werden Projektionen zu Fakten gemacht.
Damit stellt sich Jung gleichzeitig in die jahrtausendealte Tradition des Abendlandes, die immer wieder neu versuchte, den Mann als das Primäre, die Frau als das davon abgeleitete Sekundäre zu verstehen. Die Frau in bezug auf den Mann zu definieren, wird beiden Geschlechtern nicht gerecht. Denn diese Definition räumt dem Mann eine Vorzugsstellung ein, die

sich faktisch nicht begründen läßt, wohl aber aus kultureller Vorstellung und aus dem herrschenden System heraus. Eine Überlegenheit des Mannes gibt es nicht per se, sondern nur in der sozialen ‹Realität›; länger haltbar ist sie nicht. Die Frau als das Abgeleitete, Sekundäre zu sehen, ist in Anbetracht ihrer Fähigkeiten bei realistischer Sichtweise kaum noch verständlich. Die ihr eigenen Fähigkeiten, Leben hervorzubringen und zu nähren, ihre seelische Nähe zu Lebensvorgängen wie Geburt, Wachstum und Sterben, ihre physische wie psychische Fähigkeit zu Regeneration sind Fakten, die dem Mann nicht primär zu eigen sind.
Zusammenfassend läßt sich sagen, daß das Konzept der Polarität Abhängigkeiten schafft, die der Eigenständigkeit von Frau und Mann zuwiderlaufen und beiden Geschlechtern nicht zu einer freien, sondern zu einer durch Vorurteile verstellten Begegnung verhelfen. Die gesamte Anima-Animus-Theorie dient der Aufrechterhaltung eines theoretischen Konstrukts, nämlich des beschriebenen bipolaren Konzepts von Jung – dient sie jedoch dem Verständnis der Frau?

Das entstellte Bild der Frau in den Inhalten der Anima

Wie sieht nun aber der erwähnte zweite Platz in Jungs bipolarem Weltbild aus?
Ich versuche, ihn erst einmal anhand der Inhalte, die Jung der Anima gibt, zu beschreiben: «Sie (die Anima, Anm. d. Vf.) tritt, wo sie erscheint . . . *personifiziert* auf und bekundet damit, daß der ihr zugrunde liegende Faktor alle hervorstechenden Eigenschaften eines weiblichen Wesens besitzt» (GW 9/2, S. 22). Es ist demnach durchaus zulässig, dort, wo Jung über die Anima spricht, zugleich auch auf sein Frauenbild zu schließen. Das unterstreicht er selbst, wenn er sagt: «. . . der affektive Charakter trägt beim Manne weibliche Züge» (GW 13, S. 48).

Oder wenn er von der Anima meint: «. . . Das zeigt sich schon in ihrer Weiblichkeit . . .» (GW 9/1, S. 37).

Im ersten Zitat spricht Jung direkt vom weiblichen Wesen; hier ist klar, daß er die Anima direkt mit der Frau verknüpft. In den zwei nachfolgenden Zitaten spricht er von «weiblichen Zügen» und von «Weiblichkeit». Immer wieder wird in diesem Zusammenhang darauf hingewiesen, Jung würde zwischen Frau und Weiblichkeit unterscheiden. Es handle sich bei der Anima nicht um die Frau an und für sich, sondern lediglich um weibliche Züge. Ich denke, diese Unterscheidung ist reichlich spitzfindig: auch Wesenszüge, die Jung als weiblich bezeichnet, geben direkten Aufschluß über sein Frauenbild. Denn Anima und Animus sind wohl Seelenanteile, aber nicht irgendwelche, sondern deutlich geschlechtsspezifische. Sehr deutlich wird die Parallele Anima-Frau im folgenden Zitat: «Der Succubus des Mannes (gemeint ist die Anima in Form eines weiblichen Buhldämons, Anm. d. Vf.) ist ein Weib» (GW 7, S. 247). Aber auch die oben zitierten Stellen lassen keine Zweifel offen, daß Jung bei der Beschreibung der Anima sein eigenes Bild von der Frau vorschwebt (vgl. GW 13, S. 48, GW 9/1, S. 38 und GW 9/2, S. 22). Das Gegengeschlechtliche in der Seele des Mannes läßt sich, kurz gesagt, zusammenfassen als dessen ‹innere Frau›.

Das Bild, das Jung von der Anima entwirft, entspricht gemäß den obigen Zitaten *seiner* Vorstellung von der Frau. Er weiß darüber viel zu sagen, beansprucht doch das Stichwort «Anima» im «General Index» acht Spalten, dasjenige des «Animus» hingegen nur gut zwei. Man kann einwenden, daß dies an sich verständlich ist. Aber es brauchte doch wohl kaum so viele Erläuterungen, wenn es einfach darum ginge, aufzuzeigen, was eine Frau ist. Es scheint Jung vielmehr darum zu gehen, alle Aspekte der Frau so festzulegen, daß sie seinem Denksystem entspricht, daß sie also in allem der Gegensatz des Mannes ist. Ginge es um Fakten, wäre ein solcher Wortreichtum wohl kaum nötig. Selbstverständliches läßt sich kürzer ausdrücken. Dann wäre zudem über Anima und Animus gleich viel zu sagen.

Ich versuche im folgenden vorerst einmal diesen zweiten Platz in Jungs polarer Sicht mit den im vorausgegangenen Kapitel über die Anima verwendeten Zitaten zu verdeutlichen. Man kann mir dabei kaum vorwerfen, sie seien von mir willkürlich gewählt worden. Denn sie stellen meiner Ansicht nach einen repräsentativen Querschnitt durch das Jungsche Werk in bezug auf dieses Thema dar. Die kritische Leserin, der kritische Leser sind an dieser Stelle herzlich aufgefordert, sich selbst auf die Suche nach entsprechenden Aussagen im Gesamtwerk zu begeben und ihren Ertrag mit meinem zu vergleichen. Die inhaltlichen Beschreibungen des Begriffes «Anima» geben dadurch, daß die Anima sich laut obigen Definitionen ausschließlich aus weiblichen Wesenszügen zusammensetzt, direkten Aufschluß über Jungs Bild von der Frau.

Es folgt hier eine stichwortartige Zusammenstellung, die ich danach kommentieren werde:

- weiblich – bestimmbar und beeinflußbar (GW 6, S. 508)
- unlogische Launen (GW 11, S. 31)
- Kompensation für Wagnisse, Anstrengungen, Opfer, die alle mit Enttäuschung enden (GW 9/2, S. 21)
- die Tröstung gegenüber der Bitternis des Lebens (ebd.)
- illusionserregende Verführerin (ebd.)
- Herrin der Seele (GW 9/2, S. 22)
- sentimental und ressentimenthaft (GW 9/2, S. 25)
- irrationale Launen (GW 9/2, S. 26)
- Eitelkeit und Empfindlichkeit (GW 9/2, S. 24)
- nach außen gewendet ist die Anima wetterwendisch, maßlos, launenhaft, unbeherrscht, emotional, dämonisch intuitiv, rücksichtslos, ruchlos, lügnerisch, gleisnerisch, mystisch (GW 9/1, S. 138)
- umgibt sich mit minderwertigen Subjekten (GW 9/1, S. 138)
- Stufe der Hure (GW 10, S. 54)
- Engel des Lichts (GW 9/1, S. 38)

- Psychopompos (GW 9/1, S. 38)
- erotische Phantasie: Nixe, Succubus, Hexe, unerträgliche Selbständigkeit, neckisches Wesen, mit magischem Gift, das zur Intrige und Selbsttäuschung verfeinert ist (GW 9/1, S. 35)
- voll von Fallstricken und Fußangeln, damit der Mensch (lies: Mann, Anm. d. Vf.) zu Fall komme, damit das Leben gelebt werde (GW 9/1, S. 36)
- ein ‹factor› in des Wortes eigentlichem Sinne (ebd.)
- das a priori von Stimmungen, Reaktionen, Impulsen und was es sonst an psychischen Spontaneitäten gibt (ebd.)
- ein Lebendes aus sich, das uns (lies: den Männern, Anm. d. Vf.) Leben macht (ebd.).

Ob es wohl eine Leserin gibt, die sich angesprochen und verstanden fühlt? Und wenn der Mann also tatsächlich der Gegenpol ist, wie hat er dann aufgrund dieser Liste zu sein? In dieser Zusammenstellung fällt als erstes jene Gruppe von Eigenschaften auf, die die Frau deutlich als zweitrangiges Wesen, im Grunde genommen als Nicht-Menschen charakterisieren: ruchlos, lügnerisch, gleißnerisch. Dies sind eigentlich gar keine Bezeichnungen aus dem Wissenschaftsbereich der Psychologie, sie stammen aus dem Gebiet der Moral. Jung erweist sich hier nicht als Psychologe, sondern eher als Moralist. Natürlich kann man einwenden, er hätte dies im Zusammenhang mit der Anima festgestellt und damit aufgezeigt, daß der Mann in bestimmten Situationen, da er seiner Anima verfallen sei, eben so sei. Jung wird dabei aber nicht müde, zu betonen, daß dies nur dann geschehe, wenn das männliche Ich sich von der Anima überfluten lasse – es ist nicht eigentlich der Mann, sondern dessen Anima, die weibliche Züge hat bzw. spezifisch weiblich reagiert. Wird damit nicht die Verantwortung für das eigene Tun an die Anima delegiert? Vielleicht sogar an die Frau?
Eine weitere Gruppe von Eigenschaften sammelt sich um den Begriff der Launenhaftigkeit. Wenn ein Mann launenhaft ist,

so ist nach Jungs Theorie zu erkennen, daß er weibisch, also eigentlich kein Mann ist; denn das innere Bild, seine innere Frau, ist stärker als er. Die Frau ist demnach unter anderem auch durch Launenhaftigkeit als solche zu erkennen. Interessant ist in diesem Zusammenhang der sprachliche Hinweis auf das italienische Wort «lunatico», deutsch «launisch»; wörtlich übersetzt «mondhaft». Der Mond ist bekanntlich ein weibliches Symbol; die Sprache verrät hier sehr deutlich ihren sexistischen Hintergrund. Jung scheint durch sie bestätigt zu sein.
Eine weitere Gruppe von Eigenschaften zentriert sich um eine verminderte Logik der Anima. Daß der Frau die Fähigkeit zur Logik immer wieder abgesprochen wird, gehört zu den Charakteristika des Patriarchats. Daher ist es verständlich, wenn Jung der Anima emotionale Qualitäten zuschreibt und damit eben auch der Frau: sie ist eine Kompensation (also nicht etwas Primäres) für mißlungene Anstrengungen des Mannes, sie ist eine Trösterin. Sie ist aber auch sentimental und ressentimenthaft, mehr noch: eitel und empfindlich, bestimmbar und beeinflußbar. Hier drückt sich auch die Frau als das schwache Geschlecht aus, ein Klischee des Patriarchats, das es dem Mann ermöglicht, als der Starke auftreten zu können. Es zwingt ihn zwar auch dazu und macht ihn – eben innerhalb eines Geschlechterdualismus – zum Sklaven seiner Haltung.
Die Anima bzw. die Frau ist nicht nur emotional, sondern auch intuitiv. Aber sie ist nicht einfach intuitiv, vielmehr ist sie dämonisch intuitiv, was wiederum auf ihren ambivalenten Charakter hinweist, aber ebenso auch eine Abwertung beinhaltet. Die Ambivalenz, die Jung der Frau gegenüber ausdrückt, zeigt sich eindrücklich in den sexuellen Eigenschaften der Anima: sie – und damit auch die Frau – ist eine Verführerin, eine Nixe, eine Hure, gleichzeitig aber auch ein neckisches Wesen.
Eine scheinbar positive Bewertung der Anima findet dagegen ihren Ausdruck in Bezeichnungen wie Engel des Lichts, Herrin der Seele, mystisch. Mit diesen Bezeichnungen ordnet Jung der

Anima eine jenseits menschlicher Möglichkeiten liegende Bedeutung zu. Er verklärt und überhöht sie, macht sie zum himmlischen Wesen, vor dem der Mann nur noch auf die Knie fallen kann. Was geschieht mit dem männlichen Ich, das in seiner Seele mit einem weiblichen Engel konfrontiert ist? Um sich davon zu unterscheiden, bedarf es eines starken Ichs, sonst bricht der Wahn durch. Narzißtische Größenvorstellungen können sich leicht in derartigen intrapsychischen Überhöhungen widerspiegeln. Der Umgang mit einem Engel ist schwierig, die eigene Minderwertigkeit auf die Dauer schwer zu ertragen. Was liegt näher, als den inneren Engel zu stürzen?
Die scheinbar positiven Aussagen zu Anima gipfeln im Bild des Psychopompos, einem Begriff aus der Religionswissenschaft, mit dem jene personifizierte Kraft bezeichnet wird, die die verstorbenen Seelen vom Diesseits ins Jenseits führt. So wird die Anima, und damit wiederum auch die Frau, zur Seelenführerin und -geleiterin.

Ich denke, daß aus der Zusammenstellung deutlich genug hervorgeht, wie Jung Anima und Frau einerseits dämonisiert und abwertet und sie andererseits zum lebensspendenden Prinzip («ein Lebendes aus sich, das uns Leben macht») und zum Apriori von psychischer Spontaneität macht. Der Dämonisierung entspricht kompensatorisch die extreme Aufwertung. Wenn es um die Beschreibung der Anima geht, verliert Jung weitgehend seine wissenschaftlich-sachliche Ausdrucksweise, und damit verzichtet er an dieser Stelle auf das Instrument wissenschaftlicher Glaubwürdigkeit. Wenn Jung auch noch so oft in seinem Werk betont, seine Beschreibungen der Anima beruhten auf «echter Erfahrung des Männlichen am Weiblichen», so wird dennoch deutlich, daß sie nichts anderes als Projektionen männlicher Wünsche und Ängste auf das Weibliche bzw. die Frau sind.
Die Inhalte der Anima lassen deutlich erkennen, wie dieser zweite Platz in Jungs bipolarem Weltbild in bezug auf die Frau

aussieht. Die obige Zusammenstellung – auch wenn sie nur ein knapper Auszug aus dem Jungschen Schrifttum zum Thema ‹Anima› ist – beweist, daß dieses Frauenbild wenig mit der realen Frau bzw. mit realen weiblichen Wesenszügen gemein hat. Wir sind hier *mit Vorstellungen* über das Wesen der Frau und *nicht mit konkreten Fakten* konfrontiert. Die Inhalte, die Jung der Anima zuordnet, entwerfen also ein direktes Bild der Wunschvorstellung des Mannes seiner Epoche über die Frau, der Jung verhaftet blieb. Sie sind gleichzeitig Ausdruck einer tiefen Angst vor der Frau, die im Patriarchat zur Dämonisierung oder Idealisierung der Frau geführt hat. Sie sind auch Ausdruck der Angst des Mannes vor seinen eigenen Trieben. Insgesamt stellen sie ein Zerrbild des Weiblichen dar, das mit dem Wesen oder der Beschaffenheit der realen Frau wenig oder nichts zu tun hat. Man mag einwenden, es handle sich dabei ja um unbewußte oder auch um archetypische Bilder von der Frau. Wenn der Mann in seinem Bewußtsein wie in seinem Unbewußten entweder nur ein negatives oder nur ein überhöhtes Bild von der Frau hat, so ist dies eine Spaltung, die wohl ein Zeitphänomen ist, aber nichts mit dem Wesen der Frau an sich zu tun hat. Was im Jungschen Gesamtwerk fehlt, ist eine wirkliche Beschreibung der Frau aus sich heraus.

Die Notwendigkeit der Unterschiedlichkeit von Mann und Frau ist, wie gesagt, eine logische Folgerung aus dem bipolaren Denkansatz. Daß im körperlichen Bereich tatsächlich teilweise Unterschiede vorhanden sind, ist für alle sichtbar. Es ist dabei aber zu bedenken, daß unser körperlicher Bauplan weniger Abweichungen aufweist, als wir, fasziniert von bipolaren Konstruktionen, gemeinhin annehmen. Körperlich gesehen sind Mann und Frau nicht vor allem Gegensätze. Sie weisen überwiegend lediglich Unterschiede auf. Trifft diese Unterschiedlichkeit aber auch auf die Psyche zu? Sind Analogieschlüsse – hier vom Körper auf die Seele – immer richtig? Muß das, was stellenweise im körperlichen Bereich als richtig erkannt worden ist, prinzipiell auch auf den seelischen Bereich zutreffen?

Jung selber bejaht diese Frage, indem er den biologischen Ansatz zur Begründung der seelischen Gegengeschlechtlichkeit verwendet: «Die Anima ist wahrscheinlich eine Darstellung der Minderheit der weiblichen Gene in einem männlichen Körper» (GW 11, S. 31). Oder etwas ausführlicher: «Es ist eine wohlbekannte Tatsache, daß das Geschlecht durch eine Mehrheit der männlichen oder der weiblichen Gene bestimmt wird. Die Minorität der gegengeschlechtlichen Gene geht nicht unter. Der Mann enthält daher eine weiblich charakterisierte Seite, d. h., er selbst hat eine unbewußte weibliche Gestalt; eine Tatsache, deren er sich im allgemeinen nicht im mindesten bewußt ist. Wie ich als bekannt voraussetzen darf, habe ich diese Gestalt als Anima bezeichnet ... Diese Gestalt tritt häufig in Träumen auf, wo man alle Attribute, die ich in früheren Publikationen hervorgehoben habe, in vivo beobachten kann» (GW 9/1, S. 302).

Die beiden Zitate machen deutlich, daß Jung seine Theorie der Anima auch biologisch begründet, und zwar indem er darauf hinweist, daß im Organismus des Mannes auch weibliche Gene zu finden sind. Dazu ist beizufügen, daß bis zum dritten Schwangerschaftsmonat nicht erkennbar ist, ob die Frucht männlich oder weiblich werden wird. Bekanntlich bestimmen unsere Chromosomen die Eigenschaften des entstehenden Menschen. Das Kind erhält je einen Satz Chromosomen von seiner Mutter und von seinem Vater, wobei eines der 23 Chromosomen das Geschlechtschromosom ist, das die geschlechtliche Entwicklung des Embryo bestimmt. Treffen von Vater und Mutter her jeweils ein X-Chromosom zusammen, so entsteht ein Mädchen, dessen Geschlechtschromosomensatz XX ist. Wird jedoch vom Vater statt des X-Chromosoms ein Y-Chromosom beigesteuert, so wird daraus ein XY-Geschlechtschromosomensatz, und es entwickelt sich ein Junge. Denn das Y-Chromosom führt dazu, daß die Entwicklung der Frucht in eine männliche Richtung steuert und die weibliche Ausbildung

der Geschlechtsorgane unterdrückt. Die Grundform ist also vom Biologischen her eindeutig weiblich. Sie kann durch Hinzufügen bestimmter Hormone zu einem bestimmten Zeitpunkt statt der weiblichen Grundform eine männliche Entwicklung bewirken.
Vom biologistischen Ansatz her läßt sich die These, die Frau sei das Sekundäre, nicht beweisen. Vielmehr macht er deutlich, daß die Frau das Primäre, die Grundform ist, aus der sich das Männliche entwickeln kann. Dies ist aufgrund von inzwischen wissenschaftlich feststehenden Tatsachen im biologischen Ablauf der Entwicklung nachgewiesen: biologisch ist das Männliche das Sekundäre, das Weibliche das Primäre, das zusätzlich dem Männlichen zugrunde liegt.
Aus biologischer Sicht ist also die primäre Stellung, die Jung dem Mann einräumt, nicht begründbar und nicht mehr haltbar. Es drängt sich aber die Frage auf, ob und wie beim Mann die X-Anteile des Geschlechtschromosoms wirksam werden. Werden sie unter Umständen im Seelischen überhaupt nicht wirksam, oder finden sie eben gerade hier ihren Niederschlag? Ist das, was Jung mit der «Anima» bezeichnet, dieser X-Anteil? Immerhin spricht er selbst von «weiblichen Genen». Oder können wir die Folgerung ziehen, daß sich die Seelen von Frau und Mann von Natur aus nicht unterscheiden, sondern eben nur ihre Körper? Sollten seelische Unterschiede nur individuell und kulturell bzw. sozial und gesellschaftlich bedingt sein? Oder könnte der biologistische Ansatz uns dazu führen, zu erkennen, daß das Unbewußte als die Grundform unserer Psyche weiblich ist?
Der biologistische Ansatz läßt viele Spekulationen zu, die zum Teil schwierig zu beweisen und immer zu bestreiten sind. Eines ist jedoch klar: die biologische Werdung des Menschen setzt das Weibliche als Grundform für den Mann wie für die Frau voraus. Die Biologie lehrt uns, daß die Frau oder das weibliche Prinzip die Grundform menschlicher Existenz überhaupt ist. Jedoch finde ich es höchst fragwürdig, aus der Erkenntnis bio-

logischer Unterschiede und deren Erforschung eine bestimmte unterschiedliche Psyche abzuleiten.

Ich versuche zusammenzufassen: Bei der Zusammenstellung der Inhalte, die Jung der Anima zuschreibt, wurde bei kritischer Prüfung deutlich, daß diese nicht dem eigentlichen Wesen der Frau entliehen sind und somit Projektionen des Mannes – in diesem Fall des forschenden Wissenschaftlers selbst – darstellen. Wir begegnen Vorstellungen von Weiblichkeit aus patriarchaler Sicht. Im Bild der positiven Anima spiegelt sich der unbewußte, unmäßige Anspruch des Mannes an das Weibliche, eine Idealvorstellung, der keine lebende Frau in der Realität entsprechen kann. Wir haben bereits gesehen, daß zum Bild der negativen Anima als typische Eigenschaft unter anderem Launenhaftigkeit gehört, die damit – laut obigem Zitat – eine spezifische Eigenschaft weiblichen Wesens sein soll. Zur Personifikation des negativen Aspektes zählt Jung Anima-Figuren wie Hure und Prostituierte: die Frau, die den Mann verführt und ihn im Sumpf enden läßt. Jung spricht zwar immer wieder davon, daß die Anima dem Mann zur Lebendigwerdung und Integration seiner Gefühle in die Gesamtpersönlichkeit dient: Ganzwerdung durch eine lebendige Beziehung zwischen Logos und Eros. Die Theorie mag stimmen – aber das Frauenbild, das dahinter steht, bewegt sich klischeehaft zwischen Heiliger und Hure und hat damit wenig mit der realen Frau zu tun, jedoch sehr viel mit den Projektionen und Spaltungen des Mannes. Aus meiner Sicht entspricht die von Jung vorgenommene Beschreibung der Anima nicht dem Archetyp Frau oder Weiblichkeit, sondern sie ist eine Projektion des Patriarchats bzw. ein gängiges Klischee unserer Kultur. Zudem wird hier das Phänomen der Spaltung erneut sichtbar, das sich immer hinter derart konsequent durchgeführten Polarisierungstendenzen verbirgt. Dabei kann der Bezug zur Wirklichkeit eines Du hinter der einseitigen Verfolgung von Gedanken und Denkkonstruktionen verlorengehen.

Als Frauen müssen wir diese Definitionen des Weiblichen endlich als männliche Projektionen und Konstrukte erkennen und sie nicht blind als Faktum annehmen und ihnen nachzuleben versuchen. Ansonsten sind wir mitverantwortlich und mitschuldig, wenn sich Männer nicht mit ihrem falschen Bild der Frau auseinandersetzen müssen, aber auch nicht können, solange wir ihnen das überholte Bild weiterhin bieten und es dadurch bestätigen. Noch mehr: wir liefern mit einer unkritischen Einstellung einen direkten Beitrag zu unserer eigenen Unterdrückung. Jung selbst weist auf diese Zusammenhänge hin: «Durch die passive Einstellung mit unsichtbarer Absicht im Hintergrund verhilft sie dem Mann zu seiner Verwirklichung und verhaftet ihn damit. Zugleich wird auch sie in ihr Schicksal verwickelt, denn: Wer andern eine Grube gräbt, fällt selbst hinein» (GW 10, S. 139).
Die Klarheit dieser Einsicht wird aber von ihm im danach folgenden Text nicht weiter aufrechterhalten, sondern erneut durch Projektionen und negative Vorurteile entstellt. Sich diesen Projektionen des Mannes entziehen, ist für die Frau Möglichkeit und Notwendigkeit, zu ihrem eigenen Wesen vorzustoßen.

Zweiter Exkurs: «König Drosselbart» Objektstufige und kurzgefaßte zweite subjektstufige Interpretation

Im letzten Kapitel habe ich mich vor allem mit den Inhalten auseinandergesetzt, die Jung dem gegengeschlechtlichen Anteil in der unbewußten Psyche des Mannes zugrunde legt. Dabei ging es mir nicht um die Frage, wie die Anima nun eigentlich auf den Mann wirkt oder wie das männliche Ich mit ihr umgeht. Vielmehr habe ich versucht, aus den von Jung beschriebenen Charakteristika auf dessen Bild von der Frau zu schließen. Jung gibt durch diese und weitere ähnliche Aussagen, daß die Anima «alle hervorstechenden Eigenschaften eines weiblichen Wesens besitzt», nicht nur Aufschluß über die männliche Psyche, er liefert ebenso einen Schlüssel zum Verständnis seiner Sicht von der Frau. Allerdings gibt es bis heute viele Jungsche Analytiker/-innen, die diesen Schritt nicht vollziehen, indem sie behaupten, es handle sich hier ausschließlich um intrapsychische Realitäten. Jung wird aber nicht müde zu betonen, daß die Ausprägungen der Anima auf den Erfahrungen des Mannes mit oder an der Frau beruhen. Daraus schließe ich, daß es falsch ist, den Schritt von den Inhalten der Anima zum Bild Jungs von der realen Frau zu unterlassen.

Diesen Schritt möchte ich im folgenden durch eine sogenannte objektstufige Interpretation des Märchens vom «König Drosselbart» illustrieren. Dies ist gerade bei kollektiv-psychischen Phänomenen, wie es die Märchen sind, ein unübliches Vorgehen in der Jungschen Analysetechnik. Es wird im allgemeinen nur bei Träumen angewendet, in denen Menschen auftauchen, die dem unmittelbaren Erfahrungsbereich von Träumerin oder Träumer angehören. Treten solche Figuren jedoch nicht auf, so wird die subjektstufige Interpretation angewendet, jenes Vorgehen, das auf der Annahme basiert, sämtliche Traumfiguren seien Repräsentanten innerpsychischer Anteile des Träumers oder der Träumerin selbst. Gewöhnlich wird aber in einem zweiten Schritt die subjektstufige Interpretation auch bei Träumen mit Menschen aus dem nahen Umfeld noch beigefügt.

Wenn ich nun ein Märchen objektstufig interpretiere, so sehe ich davon ab, daß die einzelnen Personen intrapsychische Inhalte verkörpern, ich versuche sie vielmehr als die Menschen, als die sie auftreten, stehen zu lassen – ich reduziere sie unter anderem nicht auf Anima- oder Animusanteile. Ich trenne mich an dieser Stelle bewußt von der üblichen Vorgehensweise. Ich tue dies, weil ich damit eine andere Dimension des Märchens aufdecken möchte – nämlich die seiner Wirkungsgeschichte, die bei einer ausschließlich subjektstufigen

Interpretationsweise verloren geht. Es ist genau der gleiche Vorgang, den ich im vorausgegangenen Kapitel in meiner kritischen Auseinandersetzung mit der Anima vollzogen habe, als ich von der Anima (subjektstufig) auf die Frau (objektstufig) schloß.

«Ein König hatte eine Tochter...»
In diesen ersten Worten des Märchens liegt bereits ein Schlüssel zum Verständnis dessen, was im folgenden noch geschehen wird: der Vater hat eine Tochter, das heißt, er *besitzt* eine Tochter. Sie gehört ihm, sie ist sein Besitz, über den er verfügt. Er hat zu ihr eine Beziehung wie zu einem Objekt, einem wichtigen allerdings, aber er hat zu ihr nicht eine Beziehung wie zu einem Menschen. Nie versucht er nämlich, sie zu verstehen. Wie E. Fromm überzeugend darstellt, drücken sich in den beiden Hilfsverben «haben» und «sein» zwei menschliche Grundhaltungen dem Leben gegenüber aus: entweder ist alles darauf ausgerichtet zu besitzen, immer mehr zu haben und daher, wo immer möglich, zuzugreifen und zu raffen. Das ist die Haltung des Habens. Oder ein Mensch gestaltet sein Leben aufgrund dessen, was er ist und was in ihm angelegt ist, und versucht es im Laufe der Jahre zur Entfaltung zu bringen. Das ist die Haltung des Seins. «Haben» kann Ausdruck einer materialistischen Grundhaltung sein. Daß diese trotz der sprachlich engen Verknüpfung von lateinisch materia und mater (Mutter) nicht nur bei Müttern, also im weiblichen Bereich anzutreffen ist, dazu liefert unser Märchen ein glänzendes Beispiel. Das Märchen könnte geradesogut mit der Frage überschrieben sein: «Wer kommt in den Besitz der Königstochter?» Die Idee, daß Kinder der Besitz der Eltern bzw. des Vaters sind, daß der Vater als Familienoberhaupt bestimmend über seinen Besitz – eben über Frau und Kinder – verfügt, ist spätestens seit der römischen Antike Ideal und Realität in der gesamten europäischen Kultur: dem Pater familias (Familienvater) gehört die Potestas, die Macht. Somit wird im ersten Hauptsatz dieses

Märchens ein ganz geläufiger Zustand des Patriarchats geschildert.
«. . . die (Tochter) war wunderschön, aber stolz und übermütig.»
Die Königstochter ist hübsch von Angesicht, ja sogar wunderschön. Dieser Vorzug der Natur kann aber nicht einfach als solcher hingenommen werden, er muß dadurch abgewertet werden, daß die Tochter gleichzeitig stolz und übermütig ist. Wem ist die Schönheit hier eine Anfechtung? Warum läßt sich dieses Märchen darüber nicht aus, wo doch andere Märchen sehr ausführlich davon erzählen, wie die Mutter bzw. die Stiefmutter mit der Schönheit ihrer Tochter nicht zurechtkommt? Darf im Patriarchat der Neid des gealterten Mannes auf die blühende Tochter nicht offen ausgesprochen werden, weil ein Mann sich nicht herabläßt, mit einer Frau – und gar noch der eigenen Tochter – zu konkurrieren? Allerdings werden Männer im Patriarchat nicht durch Eigenschaften wie «hübsch» oder «häßlich» definiert. Dadurch bleibt ein solcher Neid stets unbewußt. Gleichzeitig läßt sich jedoch vermuten, daß der Vater die Verlockung oder Verführung durch die Schönheit der Tochter abwehren muß. Auch deshalb ist er wohl derart bemüht, sie unbedingt zu verheiraten; sexuelle Triebe müssen abgewehrt werden. Bekanntlich fehlt hier die Ehefrau, der Vater ist der Tochter «ausgeliefert». Denn die Frau könnte regulierend auftreten. Der Hinweis auf den Mißbrauch von Töchtern im Patriarchat drängt sich an dieser Stelle geradezu auf.
Der Wert der Frau im Patriarchat hängt weitgehend von ihrer körperlichen Anmut ab. Sie hat es schwer, sobald sie aus dem Rahmen des Schönheitsideales fällt. Ihre Schönheit hat sie bescheiden hinzunehmen. Ein Mann kann und soll auf seine Fähigkeiten, Eigenschaften und Leistungen stolz sein, niemals jedoch eine Frau. Und schon gar nicht geziemt es sich für sie, ausgelassen und übermütig zu sein: sie hat sich stets Zurückhaltung aufzuerlegen. So jedenfalls lauten die christlichen Erziehungsmaximen der letzten Jahrhunderte. Das Märchen zeigt,

wie sehr die Tochter hiermit aus dem Rahmen fällt. Man könnte meinen, der Akzent der Aussage liege auf dem Stolz und dem Übermut und das wunderschöne Aussehen sei nur eine Art niedlicher Beigabe. Das ist aber nicht so. Der Stolz einer häßlichen Frau würde keinen Anstoß erregen; er würde nicht bestraft, sondern nur belächelt werden. Gerade weil die Königstochter wunderschön ist, stellt ihr Stolz eine Provokation dar, die geahndet werden muß. Denn die Mischung von Stolz und Schönheit ist offenbar eine unerträgliche Provokation und stellt die scheinbar omnipotente Herrschaftsgewalt des männlichen Standpunktes in Frage. Die junge Frau gestattet sich, alle Freier abzuweisen, sie dabei noch mit einem Spott zu versehen, der zynisch, manchmal sogar verletzend wirkt.
Die gesamte Erzählung verfolgt dieses eine Ziel und ist somit die Darstellung eines einseitig männlichen Standpunktes: die Frau darf weder stolz noch übermütig sein und darf diese Eigenschaften schon gar nicht nach außen hin zeigen. Ihr Stolz und ihr Übermut müssen gebrochen werden.
Daß Spott, Fluch und Zynismus mögliche Reaktionen auf eine scheinbar unveränderbare Situation sind und gleichzeitig Ausdruck einer erstaunlichen Kraft in einer ohnmächtigen Situation – im Gegensatz etwa zur Resignation –, trifft auf unser Märchen zu: die Tochter läßt sich anfänglich nicht fremdbestimmen. Sie bleibt bei ihrem Spott, bis der Vater sich nicht mehr zügeln kann und in einem Zornausbruch schwört, seine Tochter dem erstbesten zu geben. So wird im allgemeinen mit Gegenständen umgegangen, Objekte können ihren Besitzer wechseln. Gleichzeitig sieht sich der Vater als Erzieher beauftragt, den (Eigen-)Willen und die Kraft seiner Tochter zu brechen. Sie hat ihm damit nämlich seine Pläne durchkreuzt, was sich für eine Tochter nicht geziemt. Der Vater ist zudem von der Idee besessen, seine Tochter verheiraten zu müssen, ganz unabhängig davon, ob diese das will oder nicht. Er allein scheint auch den richtigen Zeitpunkt dafür zu kennen: es muß unbedingt jetzt, zumindest in allernächster Zukunft gesche-

hen. Warum hat er es wohl so eilig? Er verfügt in jeder Hinsicht über sie, ohne sich deswegen auch nur einen Gedanken zu machen.

«Einmal ließ der König ein großes Fest anstellen und lud dazu alle heiratslustigen Männer ein, die wurden in eine Reihe nach ihrem Rang und Stand geordnet; erst kamen die Könige, dann die Herzoge, die Fürsten, Grafen und Freiherren, zuletzt die Edelleute.»

Als Veranstalter eines großen Festes gibt er diesem selbstverständlich auch das Gepräge: nach dem Motto «Ordnung muß sein» stellt er eine klare Rangordnung aller heiratsfähigen bzw. heiratslustigen Männer seines Reiches auf. Die Aufstellung erfolgt nach äußeren Standeskriterien, eben genau so, wie der Vater die Werte setzt: je höher der Rang, um so besser eignet sich der junge Mann als zukünftiger Schwiegersohn. Dies ist eine Rangfolge, die die Wertmaßstäbe patriarchalen Denkens getreu wiedergibt. Äußerer Reichtum und äußere Herkunft schaffen eine Machtposition, die sich in der Zugehörigkeit zum entsprechenden Stand ausdrückt. Ob diese äußeren Faktoren geeignete Kriterien für die junge Frau bei der Wahl ihres Gatten sein könnten, stellt für den Vater keine Frage dar. Es interessiert ihn nicht. Jedenfalls ist davon im Märchen keinen Augenblick lang die Rede. Obwohl es hier um das Leben einer jungen Frau geht, hat sie zu dessen Gestaltung nichts zu sagen. Die väterliche Verfügungsgewalt könnte wohl kaum deutlicher dargestellt werden als in dieser Ausgangssituation des Märchens. Aber auch für die Tochter selbst stellt sich die Frage nicht direkt; denn sie hat die Werte des Vaters weitgehend internalisiert. Ob sie wirklich glücklich wird, sei dahingestellt. Das Märchen verwendet am Schluß eine Formulierung, aus der nicht klar hervorgeht, wessen Freude es ist: «Und die rechte Freude fing erst jetzt an.»

«Nun wurde die Königstochter durch die Reihen geführt . . .»

Die sprachlich passive Formulierung läßt aufhorchen, wo es doch um einen äußerst aktiven Akt geht: eine Frau soll sich ihren zukünftigen Ehemann aussuchen. Die Königstochter darf dies nicht allein tun, sie wird geführt. Nur unter der direkten Aufsicht des Vaters scheint es möglich zu sein, die richtige Wahl zu treffen. Die Bevormundung ist perfekt. Von Feststimmung ist hier – jedenfalls für eine Frau – nichts zu spüren. Der ganze Auftritt mutet viel eher wie eine militärische Inspektion an: anstelle einer Prämierung oder Gradverleihung wird eine Gattenwahl vorgenommen nach streng eingehaltenem Ritual. Die Inszenierung ist eine wohlgelungene Machtdemonstration des Königsvaters gegenüber seinen Untergebenen wie gegenüber seiner Tochter. Sich mit Spott aus der Affäre zu ziehen, um nicht klein beigeben zu müssen und um sich dem alleinbestimmenden Familienoberhaupt entziehen zu können, ist in dieser gefühlsfremden Situation wohl der tapferste Ausweg für die Königstochter.

«... ward er (der König) zornig und schwur, sie sollte den ersten besten Bettler zum Mann nehmen, der vor seine Tür käme.»

Das Vergehen der Tochter besteht darin, die allseitige Verfügungsgewalt des Herrschers, seine Omnipotenz in Frage gestellt zu haben. Alles, was folgt, ist ein Versuch des Machthabers, dieses Vergehen zu rächen und die eigene unantastbare Größe wiederherzustellen. Die Tochter ist nur noch Mittel zu diesem Zweck. Daß sie nur noch Selbstzweck ist – nämlich Objekt väterlicher Macht und Verfügungsgewalt – ist spätestens an dieser Stelle unübersehbar. Hätte der Vater eine echte Beziehung zu seiner Tochter, so müßte er deren Spott als Ausdruck ihrer inneren Not erkennen und von seinem Ansinnen, sie verheiraten zu wollen, aus menschlichem Einfühlungsvermögen absehen. Aber in seinem Zorn, der sein Gekränktsein ausdrückt, vielleicht auch unter eigenem Triebdruck, fügt er der Tochter noch die zusätzliche Kränkung zu, indem er ihr einen Bettler zum Mann aufzwingt. Seine Rache verkleidet er in Pädagogik. Und nun bestimmt die patriarchale Sichtweise ausschließlich den weiteren Ablauf des Geschehens.

«Ein paar Tage darauf hub ein Spielmann an unter dem Fenster zu singen, um damit ein geringes Almosen zu erwerben.»
Daß nach dem Aufmarsch sämtlicher heiratsfähiger Männer des Reiches mit Rang und Stand nun ein armer, spielender Bettler auftritt, mutet wie eine schicksalsmäßige Verfluchung der Tochter an – oder genauer ausgedrückt: wie ein Arrangement des Vaters. Ganz besonders auch deshalb, weil ja der Spielmann weder ein echter Spielmann ist – er singt bloß zu Beginn seines Auftritts, um Einlaß und Almosen zu erwirken – noch ein echter Bettler. Das Motiv des falschen Bettlers, wie überhaupt die Schilderung von Bettlerkniffen und -schlichen, häufen sich in den Erzählungen über Bettler seit dem 16. Jahrhundert. Durch die List der Verkleidung und Verstellung sowie durch den Schwur des Vaters «gelangt der Bettler auch von der Haustüre stufenweise bis in das Bett des Mädchens» (vgl. «Märchenindex Göttingen», R. Schenda, S. 250). Weiter heißt es dort: «König Drosselbart erreicht in Bettlergestalt, daß die hochmütige Prinzessin die Armut und den Bettler-Spielmann achten lernt» (S. 252). Ich zweifle Rudolf Schendas Aussage an; sie scheint mir eher der Wunsch des männlichen Interpreten zu sein. Schenda unterschlägt in seiner Interpretation die frauenverachtende Praxis von Königsvater, Bettler und König Drosselbart. Er behauptet sogar, daß die Prinzessin den Bettler-Spielmann schließlich achten würde. Davon ist im Märchen nicht die Rede.
«Der König sprach: ‹Dein Gesang hat mir so wohl gefallen, daß ich dir da meine Tochter zur Frau geben will.› Die Königstochter erschrak, aber der König sagte: ‹Ich habe den Eid getan, dich dem ersten besten Bettelmann zu geben, den will ich auch halten.›»
Der Königs-Vater ist in seiner Konsequenz ausgesprochen stur und starr. Was er einmal beschlossen hat, führt er durch. Er ist in seiner Machtstellung derart abgesichert, daß er sich nicht zu hinterfragen braucht. Im Gegenteil: er glorifiziert sich in seinem Handeln noch zum Treuen, zu demjenigen, der niemals

einen Eid brechen würde. Er braucht – ich meine sogar: er mißbraucht – seine Tochter, um sich zu beweisen, daß er ein Ehrenmann, ein guter Vater und Erzieher ist. Sein Tun läßt er gleich noch von der geistlichen Macht, die ebenfalls dem Patriarchat verpflichtet ist, absegnen: der Pfarrer traut das Paar, das innerlich keines ist: eine abgesegnete Vergewaltigung.

Wie sehr es dem König um die Erfüllung äußerer Normen – und damit um sich selbst oder aber um die Entlastung von seinen eigenen Inzestwünschen – und nicht um menschliche Beziehung geht, zeigt seine Verstoßung der Tochter: «Nun schickt sich's nicht weiter, daß du in meinem Schloß bleibst, du kannst nur mit deinem Mann fortziehen.»

Die junge Frau wechselt bloß ihren Besitzer: «Der Bettelmann nahm sie mit hinaus . . .» Da klingt nichts an von beginnendem Eheglück, von einem Miteinander, von Partnerschaft; vielmehr übernimmt jetzt einfach der neue Mann die Führung über die Frau, die einmal mehr zum Objekt gemacht worden ist.

Damit ist nun die junge Frau Opfer des patriarchalen Denkens mit seinen Macht- und Besitzansprüchen geworden. Sie scheint es auch innerlich geworden zu sein. Beim Anblick des schönen Waldes, der grünen Wiese wie der großen Stadt kann sie sich nicht einfach an deren Vorhandensein freuen, sondern sie erkundigt sich nach den jeweiligen Besitzern. Denn alles bekommt in einer nach materiellem Besitz und Reichtum ausgerichteten Gesellschaft erst dadurch seinen Wert, daß es jemandem gehört: «Ach, wem gehört der schöne Wald / die schöne, grüne Wiese / die schöne, große Stadt?»

Ihr Mann weiß Bescheid, all dies gehört dem König Drosselbart. Was der allem Anschein nach Besitzlose mit Leichtigkeit zu wissen scheint, ist der Königstochter unbekannt. Warum auch muß ein Mädchen oder eine junge Frau in der Welt draußen Bescheid wissen, wenn sie ja sowieso nichts zu sagen hat? Neugier von seiten der Frau ist in patriarchalen Umständen überflüssig und fügt nur Schmerz zu: denn die Frau hat besitz- und anspruchslos und zudem uninformiert zu sein.

Als Opfer patriarchalen Denkens erleidet die Königstochter nun noch zusätzlich den bitteren Schmerz der Besitzlosigkeit der Frau und damit ihrer Minderwertigkeit: «Ich arme Jungfer zart, ach, hätt ich genommen den König Drosselbart!»
Sie erkennt aber die Widersprüchlichkeit in der Aussage ihres Mannes noch nicht, wenn er ihr antwortet: «Sie gehört dem König Drosselbart: hättst du'n genommen, so wär sie dein!» Denn wie kann ihr Mann, der Bettler, nur wissen, daß sie den König Drosselbart als Freier abgelehnt hat, war doch zu jenem Fest nur geladen, was Rang und Stand hatte!
Was wird da für ein Spiel mit der Frau getrieben! Der Vater wußte also vermutlich, daß der Almosen begehrende Bettler gar kein Bettler war. Ihr Mann, der vermeintliche Bettler, gibt sich auf all die Fragen seiner Frau nicht als König Drosselbart, der er in Wirklichkeit ist, zu erkennen. Das Ganze ist demnach wohl ein abgekartetes Spiel zwischen dem Königs-Vater und dem Freier-König Drosselbart. Es ist eine Manipulation von seiten der beiden Männer, die Frau ist nur deren Spielball. Der Vater tritt seine Tochter nur scheinbar einem Bettler ab, er weiß wohl, daß es eine standesgemäße Verbindung ist. Ausgesprochen typisch ist beides, die Manipulation wie die moralische Strafe.
Obwohl sich der Bettler konsequent darstellt, kommt sie nicht auf den Gedanken des Widerspruchs; er zelebriert vor ihr seine Macht. In diesem Augenblick hat sie keine Möglichkeit mehr zum Widerspruch, ihr Selbstwertgefühl hat sie verloren. Vorher bei dem Feierritual hat sie anscheinend noch die Wahl gehabt, da stand sie noch innerhalb der vom Vater gesteckten Grenzen, sozusagen innerhalb des väterlichen Systems. Inzwischen ist sie zum totalen Objekt der Manipulation geworden. Sie kann nur noch machen, was zwischen den Männern beschlossen worden ist.
Die Demütigung, die ihr bereits durch den Vater zugefügt worden war und vom Bettler nur noch geradlinig weitergeführt wird, trägt ihre ersten «Früchte»: aus der stolzen ist eine sich

bemitleidende und bemitleidenswerte Frau geworden, die in der Folge immer mehr in sich selbst gefangen ist und schließlich nicht mehr für ihre Unabhängigkeit und Selbständigkeit kämpfen kann.
Was nun folgt, ist nichts Geringeres als eine Reihe von Demütigungen, die in unmittelbare Nähe des Paulus-Wortes «Das Weib sei dem Manne untertan» rücken: Ein Befehl folgt dem anderen. Der Mann weiß, was die Frau zu tun hat, und mehr noch, nämlich auch, was für sie das Richtige *ist*.
Sie soll all das tun bzw. erlernen, was sie eben als einstige Königstochter nicht kann und was sie auch niemals gelernt hat. Die Willkür ihres Vaters hat sie der Willkür ihres Ehemannes ausgeliefert. Nicht für ihren Ehemann und sich selbst soll sie kochen – was ja noch verständlich und einfühlbar wäre –, sondern bloß für ihn: «Mach nur gleich Feuer an und stell Wasser auf, daß du mir mein Essen kochst, ich bin ganz müd.»
Der Egoist entpuppt sich im weiteren Verlauf der Geschichte immer mehr als einer, der rohe Befehlsgewalt ausübt. Er zwingt sie, Körbe zu flechten und zu spinnen. Wie soll eine im königlichen Umkreis aufgewachsene Frau plötzlich handwerkliche Fähigkeiten beherrschen? Der Mann fordert dies von ihr, ohne ihr auch nur die geringste Anleitung oder Hilfestellung zu geben. Im Gegenteil, er demütigt sie zusätzlich mit harten Worten und bemitleidet sogar noch sich selbst: «Du taugst zu keiner Arbeit, mit dir bin ich schlimm angekommen.» Die Bemühungen der Frau nimmt er gar nicht wahr, er stellt bloß Forderungen, die sie zu erfüllen hat. Auch er ist – genau wie der Königsvater – ein ausgesprochen beziehungsunfähiger Mann. Er verfügt lediglich über seine Frau und ist nicht imstande, mit ihr in einen seelischen Kontakt zu treten. Es ist ihm kein Bedürfnis, weil es ihm nur um Habenwollen, Potenz und Macht geht und nicht um Partnerschaft.
Die Frau wird in der Welt des Patriarchats immer wieder neu zum Objekt degradiert. Dies steigert sich im folgenden noch, indem der Mann sie mit Töpferwaren auf den Markt schickt.

Hier kommt ihr ihre Schönheit und wohl auch ein gewisses Geschick im Anbieten der Waren zu Hilfe, so daß sie recht gut verkauft. Wie sie sich jedoch beim zweiten Versuch, Geschirr zu verkaufen, an einer Ecke des Marktes gut sichtbar eingerichtet hat, kommt ein trunkener Husar dahergejagt. Er reitet mitten ins Geschirr, so daß es in tausend Scherben zersplittert. Ist er wohl trunken, weil er sich so toll und schnittig auf seinem Pferd bzw. in seiner Rolle als Manipulator vorkommt? Auch er entpuppt sich bekanntlich am Schluß als König Drosselbart. Sowie in der Frau (auf dem Markt) wieder ein wenig an Selbstwertgefühl erwacht, wird dieses buchstäblich niedergetrampelt. Zuhause erwartet sie nicht etwa Trost in ihrem Elend, vielmehr verurteilt sie ihr Mann, weil sie es wagte, sich derart exponiert in die Ecke des Marktes hinzusetzen. Er spricht ein vernichtendes Urteil über sie aus: «Laß nur das Weinen, ich sehe wohl, du bist zu keiner ordentlichen Arbeit zu gebrauchen.» – Eine Frau scheint nur gut zu sein, wenn sie auch zu gebrauchen ist.

Den Höhepunkt der Verfügungsgewalt, aber noch nicht der Demütigung, erreicht das Geschehen, als der Mann sie als Küchenmagd im königlichen Schloß seines Reiches verdingt. Zur Strafe für all ihre scheinbare Ungeschicklichkeit – vor allem aber für ihren ursprünglichen Stolz – wird sie zum berufsmäßigen Dienen als Küchenmagd außerhalb des Hauses gezwungen, und zwar in einem anderen Schloß, d. h. in jener Atmosphäre, in der sie ursprünglich das königliche Kind war. Hier wird ihr der soziale Abstieg demonstriert.

Die zentrale Aussage zahlreicher Märchen ist, daß der Weg des Dienens, des Sich-in-den-Dienst-Stellens unter gleichzeitiger Hintanstellung der eigenen Fähigkeiten, der eigentliche Weg und die eigentliche Entfaltungsmöglichkeit der Frau sei. Das Ideal des Dienens wird immer dort auf die Frau projiziert, wo es gilt, die einseitige Dominanz des Mannes aufrechtzuerhalten. Im Bereich der Jungschen Märchendeutung wird leicht übersehen, daß die Märchen unseres Kulturraumes weitgehend dem Geist des Patriarchats entstammen. Dazu gehört, daß sich die Frau als eigenständiges Wesen verleugnet und ihren Lebenssinn und ihre Daseinsberechtigung erst dann gefunden hat, wenn sie sich in den Dienst des Mannes stellt und sich von ihm her definiert. Das zeigt der Schluß des Märchens in aller Deutlichkeit auf: sie tritt als einstige Königstochter beim königlichen Koch als Magd in den Dienst ein. Diese Tätigkeit wird ihr von ihrem Mann als Strafe nicht mehr nur für ihren Stolz, sondern auch für ihre bisherige Untauglichkeit auferlegt. Sie darf (oder muß?) nach getaner Arbeit zusätzlich die Speisereste der königlichen Herrschaften in zwei an einer Schnur ihres Kleides befestigten Töpfen sammeln und als Nahrung mit nach Hause nehmen.

Die Erniedrigung erreicht ihren Höhepunkt, als der Königssohn in goldenen Kleidern erscheint, die Küchenmagd, weil sie so schön ist, begehrt, und sie entgegen deren Willen in den Saal zum Tanzen zerrt. Hier wird eine Vergewaltigung der Frau beschrieben. Sie sträubt sich dagegen, weil sie in ihm den einst abgewiesenen König Drosselbart erkennt. Doch wieder verfügt der Mann über die Frau, und dabei reißt das Band, an dem die Töpfe mit dem Essen befestigt sind, so daß Suppe und weiterer Inhalt auf den Boden fließen. Sie wird sogar daran gehindert, davonzurennen. Der König packt sie und offenbart sich nicht nur als der König Drosselbart, was sie ja schon längst selbst gemerkt hat, sondern ebenso als der bettelnde Spielmann und der Husar. Das Ganze gipfelt in dem Geständnis, er hätte ihr all die Not aus Liebe zugefügt: «Dir zuliebe habe ich mich so verstellt . . . Das alles ist geschehen, um deinen stolzen Sinn zu beugen und dich für deinen Hochmut, womit du mich verspottet hast, zu strafen.»

Die Unterwerfung der Frau wird als die Voraussetzung einer glücklichen Beziehung bezeichnet. Ist dieser Umgang des Mannes mit der Frau tatsächlich das, was wir Frauen uns unter Liebe vorstellen? Der Mann scheut kein Mittel, um sich seine Frau gefügig zu machen. Dieses Verhaltensmuster zeigt unmiß-

verständlich die Einstellung des Patriarchats – einer kulturellen Entwicklung der letzten 2500–3000 Jahre – zur Frau auf. Es sagt nichts über das eigentliche Wesen von Frau und Mann aus.
Auch diesmal wird die Frau überhaupt nicht gefragt, ob sie nun zur Heirat bereit sei. Ganz lakonisch fügt der Mann an die oben zitierte «Liebeserklärung» an: «Nun aber ist's vorüber und jetzt soll unser Hochzeitsfest sein.»

Um aufzuzeigen, wie sehr in der Realität des Patriarchats das Wesen der Frau mißachtet wird, indem über sie wie über ein Objekt verfügt wird, habe ich mir gestattet, das Märchen einmal ausschließlich auf der Objektstufe zu interpretieren. Dem Vorwurf der Einseitigkeit begegne ich dadurch, daß ich im folgenden nochmals ganz kurz eine subjektstufige Deutung anfüge.
Versuchen wir einmal, vom Königsvater bzw. König Drosselbart auszugehen. Nun ist nicht mehr die Prinzessin, sondern ein männliches Ich die Hauptfigur, die ihren Weg zur Ganzheit suchen muß. Innerhalb dieses Interpretationsansatzes wird die Königstochter zur Anima-Figur schlechthin. Wie wir gesehen haben, ist sie wunderschön, stolz und übermütig, selbständig und eigenwillig dazu. Das gesamte nun folgende Geschehen ist der Versuch des männlichen Ich, eine Vorrangstellung gegenüber seiner Anima zu erlangen. Dabei wird deutlich, wie das männliche Ich mit seiner Anima umgeht: es versucht, sich ihrer zu entledigen und verlangt Dinge, die der Beschaffenheit der Anima diametral entgegengesetzt sind. Die Anima ist nicht zum Dienen da. Sobald sie eine gewisse Eigenständigkeit erlangt, wird sie jedoch unterdrückt. Am Ende siegt dann das Ich über die anfänglich dominierende Anima, indem es Gewalt anwendet und diese bodenlos demütigt bzw. unterdrückt. Es findet aber nicht eine Integration von Anima-Anteilen statt, sondern eine Unterdrückung bzw. eine Verdrängung, wie sie für den Mann im Patriarchat bezeichnend ist. Das Ich erfährt

keine Erweiterung, denn die Heirat ist eine erzwungene, d. h., Ich und Anima stehen nicht in einem festen Austausch zueinander. Es kommt nicht zu einer dialogischen Beziehung, sondern zu einer vergewaltigenden.
Diese nur skizzierte, subjektstufige Deutung, die von einem männlichen Ich ausgeht, schließt sich insofern an die objektstufige Interpretation an, als beide Sichtweisen der Situation der Frau, die unter patriarchalen Verhältnissen leben muß, gerechter werden als die erste, übliche subjektstufige Interpretation. Das zeigt, wie bei Märcheninterpretationen entscheidend ist, von welchen Voraussetzungen ausgegangen wird und wie einseitig das übliche Vorgehen oft ist.

Vernachlässigung der objektstufigen Interpretation führt zu Realitätsverlust

Märchen können als ein Spiegel verstanden werden, durch den innerseelisches Geschehen sichtbar wird. In der ersten sogenannten subjektstufigen Interpretation des «König Drosselbart» habe ich die einzelnen Figuren als intrapsychische Anteile ein und derselben Person, und zwar einer Frau, verstanden und die Handlung als innerseelischen Ablauf gedeutet. Das Subjekt – oder psychologisch ausgedrückt: das Ich – ist in dieser Sichtweise mit verschiedenen Aspekten seiner selbst konfrontiert. Es gerät in die Auseinandersetzung unbewußter Regungen, die am Schluß des Märchens oft zu einer anderen, erweiterten Ich-Haltung oder Ich-Bewußtheit führt. Es wird dem Bewußtsein möglich, Impulse, Anregungen oder sogar Forderungen aus den unbewußten Schichten der eigenen Seele zu integrieren.
Märchen sind aber ebensosehr ein Abbild äußerer Lebensumstände – oft ein offenes, manchmal auch ein eher verdecktes. Sie bieten sich daher auch gerade von einem psychologischen Standpunkt her dazu an, etwas über die realen Lebensbedin-

gungen des Menschen in seinem sozialen Umfeld zu erfahren. Es ist mir weitgehend unverständlich, wieso innerhalb der klassischen Jungianischen Interpretationsmethode der Begriff des «psychologischen Verständnisses» nur für Deutungen auf der Subjektstufe verwendet wird. Psychologische Inhalte werden auf der Objektstufe in einer viel elementareren Art dargestellt. Diese objektstufige Sichtweise, wie ich sie in der zweiten Interpretation des gleichen Märchens angewendet habe, sieht in den handelnden Figuren lebendige Menschen, die in bestimmten Lebenssituationen stehen und diese zu bewältigen versuchen. Daraus können wir vieles über die sozialen Aspekte der «Conditio humana» erfahren, ohne deren genaue Beachtung jede psychotherapeutische Intervention fehlschlagen muß.

Sobald die subjektstufige Sichtweise zum Schlüssel des Verstehens wird, ist die äußere Welt nichts anderes als der Spiegel der inneren Welt. Denn alles, was im Äußeren gesehen und erlebt wird, stellt im Grunde genommen Inneres dar, d. h., die äußeren Erscheinungen werden als Konkretisierungen innerer Gegebenheiten angesehen. Oder anders ausgedrückt: Die eigentlichen Fakten sind die inneren, die sich in den äußeren spiegeln, oder noch deutlicher: Die Innenwelt wird nach außen projiziert. So beruht die subjektstufige Sichtweise auf dem ausschließlichen Prinzip der Projektion. Die äußere Erscheinungswelt ist nichts weniger und nichts mehr als eine Projektion der innerseelischen Erscheinungswelt. Falls die unterschiedlichen Sichtweisen gewertet werden und die subjektstufige den Vorrang erhält, so wird damit ausgedrückt, daß die Außenwelt in ihrer Konkretisierung im Grunde genommen eine Scheinwelt ist. Damit sind wir dem Gedankengut der buddhistischen Lehre nahe, die vom Schleier der äußeren Welt, von Maja, spricht, den es abzustreifen gilt. Der westliche Weg zur Individuation, zur Selbstwerdung, darf doch nicht darin bestehen, daß ein wesentlicher Teil der Realität verleugnet wird.

Die Reduktion des menschlichen Lebens auf ein Innenleben, wie es durch die Subjektstufigkeit geschieht, kann zu einer fata-

len Einseitigkeit führen, indem sie die äußeren Bedingungen vernachlässigt, wenn nicht sogar verleugnet. Sie führt in die Isolation und fördert eine egozentrische Haltung, indem die totale Introspektion das ganze Interesse der/des einzelnen beansprucht und darüber die Welt als solche – als Nicht-Projektion – vergessen läßt. Alle sozialen und gesellschaftspolitischen Bezüge fallen so dahin. Im weiterführenden Sinn ist dann auch unsere Beziehung zum Körper als bloßem Projektionsträger gestört, zum mindesten verzerrt, meistens aber vernachlässigt. Denn das Zusammenspiel von Leib und Seele geht nicht nur von der Seele aus, es geht ebenso vom Körper aus.
Die eindeutige Bevorzugung der Subjektstufendeutung führt zu einem Ignorieren der äußeren Gegebenheiten. Am Beispiel unseres Märchens wird klar, daß durch diese Form der Deutung, die ich in der ersten subjektstufigen Interpretation aufzeigte, die Situation der Frau innerhalb unserer Kultur nicht wahrgenommen werden kann. Sie dient sogar dazu, ihre Situation aus dem Bewußtsein auszublenden, d. h. zu verdrängen. Mit anderen Worten: Sie dient der Verfestigung autoritärer und frauenfeindlicher Machtverhältnisse. Die zweite, zuletzt von mir durchgeführte subjektstufige Interpretation reduziert die Situation der Frau auf ein Anima-Problem des Mannes. Nur die Bereitschaft, von dieser Anima auf die Frau als solche zu schließen – wie dies Jung in zwei von mir angeführten Zitaten tat –, ermöglicht den direkten Bezug zur Situation der Frau in ihrem sozialen Umfeld. In der objektstufigen Sichtweise, wo Figuren und Reaktionen an sich zählen, kann zur Kenntnis genommen werden, wie die äußere Realität tatsächlich ist und wie sie sich auf das Einzelwesen Mensch auswirkt.
An dieser Stelle wird klar, warum ich mich bis jetzt auf das Märchen als erklärendes Beispiel gestützt habe und nicht etwa auf Träume: Ich will damit versuchen, eine allgemeingültige Situation zu klären, da Märchen bekanntlich kollektive Situationen darstellen, Träume hingegen im allgemeinen Einzelschicksale wiedergeben.

Für diejenigen, die sich ausschließlich einer subjektstufigen, das heißt innerseelischen Sichtweise verpflichtet fühlen, zählen nur individuelle, innerseelische Veränderungen. Die Welt bleibt unangetastet, Systeme bleiben so bestehen, wie sie sind. Die gesellschaftliche Entwicklung steht still.
Können wir uns aber ein Weltbild leisten, das sich auf innerseelische Vorgänge beschränkt – und dies in einer Zeit, da in Ost und West riesige Arsenale von Atomwaffen zum Einsatz bereitstehen? Können wir es uns noch leisten, uns in Interpretationen einzuüben, die unsere (soziale) Umwelt ignorieren, in einer Zeit, in der das gesamte Leben in einer bisher nie dagewesenen Art und Weise bedroht ist?
Für unsere Themenstellung heißt das: Können wir uns diese einseitige, elitäre, weil ausschließende Sichtweise bzw. Realitätsflucht leisten, nachdem wir erkennen müssen, daß wir immer noch in den jahrtausendealten Denkstrukturen des Patriarchats stecken und die Frau immer noch als zweitrangiges Wesen einstufen?
Im Versuch der objektstufigen Interpretation des «König Drosselbart» geht es mir darum, aufzuzeigen, welche Folgen die Vernachlässigung der Objektstufe für die Frau hat. Märchen schildern nicht das Schicksal eines einzelnen Menschen, sie schildern kollektive Situationen. Die kollektive, d. h. allgemeingültige Situation, die im Märchen von «König Drosselbart» dargestellt wird, kommt nicht nur in diesem Grimm-Märchen, sondern auch noch in sehr vielen anderen Märchen zum Ausdruck. Ich habe den «König Drosselbart» gewählt, weil dies ein relativ kurzes, unilinear verlaufendes Märchen ohne sehr viele zusätzliche Symbole ist. Ich hätte die in diesem Buch abgehandelte Thematik jedoch an sehr vielen anderen Märchen mit dem gleichen Resultat aufzeigen können. Die Darstellung wäre aber durch die Häufung verschiedener Handlungsabläufe und numerisch erweiterter Symbolik umständlicher und vielleicht weniger klar und deutlich geworden. Gleichgeblieben wäre hingegen die inhaltliche Aussage.

Zusammenfassend sei nochmals festgehalten, daß erst der objektstufige Standpunkt die Gesichtspunkte patriarchalen Denkens aufdeckt und dadurch Ansporn zum Umdenken und Verändern werden kann. Es scheint mir ein Gebot der Stunde zu sein, auch die soziologisch-gesellschaftliche Sicht zu implizieren. Wir können uns in Anbetracht der heutigen Erkenntnisse nicht mehr nur eine einseitig nach innen konzentrierte Interpretation leisten, die soziale Realität hat genauso ihre Gültigkeit und Wichtigkeit. Mit dem ausschließlich subjektstufigen Standpunkt kann die äußere Realität als solche elegant umgangen werden. Die unwürdige Situation der Frau kann so weiterhin bestehen bleiben.

3. Kritik an Jungs Animus-Konzept

«Wenn es nicht gerade eine einfache Aufgabe ist, zu beschreiben, was unter Anima zu verstehen ist, so häufen sich die Schwierigkeiten fast bis zur Unmöglichkeit, wenn die Animus-Psychologie dargestellt werden soll» (GW 7, S. 226), schreibt Jung 1928 in seinem Beitrag «Die Beziehungen zwischen dem Ich und dem Unbewußten». Jung hat sich damit eine harte Nuß zum Knacken geholt, und er wird nicht müde, in seinem gesamten Werk durch alle Jahre seines Schaffens und Denkens über den Animus zu schreiben. Es fällt aber auf, daß sich im Lauf der Zeit keine weiteren neuen Erkenntnisse zu diesem Thema einstellen; so hinterläßt die stete Wiederholung der sich nahezu gleichbleibenden Aussagen einen schalen Geschmack. Mußte sich Jung wegen eigener Zweifel immer wieder neu die Richtigkeit seiner ersten Aussagen beweisen? Warum hat er sich überhaupt dieser Schwierigkeit, die für ihn fast zur Unmöglichkeit wurde, unterzogen? Es ist verständlich und einsehbar, daß ein Wissenschaftler sein Denkgebäude immer mehr verfeinern und vervollständigen möchte. Aber vielleicht hat Jung mit der Frage des Animus die Grenze der Möglichkeiten eines Mannes überschritten: Ist es überhaupt möglich, daß ein Mann derart eingreifende Aussagen über die Seele der Frau frei von Projektionen machen kann?

Das oben erwähnte Frühwerk enthält ein ganzes Kapitel zu Anima und Animus. Im Vorwort zur zweiten Auflage (1934) schreibt Jung unter anderem: «Man darf es der Natur nicht vorsagen wollen, wenn man ihr ungestörtes Walten beobachten will.» Dieser Satz weist darauf hin, daß es in dieser Schrift um das Beobachten und Aufzeichnen von Vorgängen bzw. Fakten

der Natur geht. Damit erklärt Jung die Seele zur Natur und den Animus zum natürlichen Anteil der weiblichen Seele.
Jungs Konzept vom Animus, das einschneidende Folgen für das Verständnis der Frau und ihrer Psyche hat, ist von einem Wissenschaftler aufgestellt worden, der sich im übrigen in einem 1927 erschienenen Artikel als ca. 40jähriger Mann berechtigterweise die Frage stellte, ob eigentlich ein Mann über die Frau schreiben könne: «Überdies, kann ein Mann über die Frau schreiben, über sein eigenes Gegenteil schlechthin? Ich meine, etwas Richtiges, etwas jenseits von Sexualprogrammatik und Ressentiment, von Illusion und Theorie? Ich wüßte nicht, wer sich diese Überlegenheit zutrauen könnte, denn die Frau steht immer dort, wo der Mann seinen Schatten hat, weshalb er sie nur allzu leicht mit diesem verwechselt, und wenn er dieses Mißverständnis wieder gut machen will, so überschätzt er die Frau und traut ihr Desiderata zu. Es geschieht deshalb mit größtem Bedenken, wenn ich mich anschicke, dieses Thema zu behandeln» (GW 10, S. 135f.). Was anfänglich noch eine Frage war, wird sehr bald zu einer Sicherheit – sogar schon in der nächsten Zeile: «Eines ist wohl über jeden Zweifel erhaben...» Jung macht sich sehr schnell zum Kenner der männlichen wie der weiblichen Psyche. Und aus der Vermutung wird bald eine Gewißheit: er erklärt den Animus endgültig zu einem Archetypus, das heißt zu einer letzten, ewigen Determinante.

Aus der Sicht einer Frau muß das anders aussehen. Bereits die Tatsache, daß Jung den Begriff des Animus und das, was er darunter versteht, nicht direkt gefunden hat, sondern über die Analyse der männlichen Seele, gibt zu denken: Im Unbewußten des Mannes hat Jung Anteile gefunden, die er als weiblich bezeichnet hat, und daraus folgert er, daß demgemäß im Unbewußten der Frau männliche Anteile vorhanden sein müßten. Er gibt ihnen auch sogleich einen Namen: Animus. Das läßt aufhorchen. Ich habe bereits weiter oben aufgezeigt, wie Jung immer wieder – natürlich – vom Mann ausgehend denkt, und daraus – weniger natürlich – Schlüsse auf die Frau zieht. Die Frau ist für ihn das Sekundäre. Innerhalb seines polarisierten Weltbildes nimmt sie den zweiten Platz ein. Eine Bedingung, die auf diesem zweiten Platz erfüllt werden muß, ist die Fähigkeit der Herstellung von Beziehung. Denn das System funktioniert nur, solange eine Beziehung zwischen den beiden Polen besteht. Da der Mann in seinem Bewußtsein dem Logos verpflichtet ist, muß die Frau logischerweise zur Erfüllung des Systems in ihrem Bewußtsein dem Eros verpflichtet sein. Denn auch Logos und Eros werden von Jung in sein bipolares System eingebaut: sie *müssen* Gegensätze sein. Sind sie das wirklich? Für Jung ist die Theorie wichtiger als die Realität ‹Frau›. Daher muß sie notwendigerweise das Gegenteil des Mannes sein. Das hat zur schwerwiegenden Folge, daß sie einmal den Logos nicht als ihr Bewußtseinsprinzip haben kann, und zum zweiten, daß sie imstande sein muß, Beziehungsfähigkeit, Eros, bewußt einsetzen zu können. Beides ist systemimmanent.

Und damit zementiert Jung unabhängig von seinem eigenen bipolaren Weltbild auch die alten Klischeevorstellungen von Mann und Frau. Zu deren Illustration gestatte ich mir, kurz auf die Bedenken hinzuweisen, die geäußert wurden, als in England zwischen 1870 und 1880 die ersten Universitäten für Studentinnen geöffnet wurden:

«Der Widerstand gegen die Zulassung von Frauen, vor allem seitens der gelehrten Herren, war groß. Intellektuelle Arbeit, sagten sie, sei nicht nur für die Frauen schädlich, sondern auch für die Nachkommen. Eine zu große intellektuelle Belastung (wie ein Universitätsstudium) mache Frauen steril, und sie seien nicht mehr in der Lage, ihre Kinder zu stillen. Die Menstruation gerate durcheinander, die Entbindung werde schwerer. Die Energie, die bei Frauen sonst in ihre Fortpflanzungsorgane gehe, werde nun durch das Gehirn ihrer natürlichen Funktion entzogen. Und damit müsse man Frauen auf die

Gefahr hinweisen, daß ein Universitätsstudium für sie zu einer lebensgefährlichen Tätigkeit werden könne.
Natürlich war die Unsinnigkeit dieser Argumentation nicht schwer zu beweisen. Frauen gingen zur Universität, ohne daß sie Opfer nervöser Erkrankungen wurden oder ihre Gebärmutter schrumpfte. Im Gegenteil stellte sich heraus, daß gerade die Frauen aus der Mittelschicht, die zu Hause zu bleiben und Handarbeiten zu machen gezwungen waren, manchmal unter Überspanntheit und Depressionen litten und sich wegen ihrer Migräne zu Bett begeben mußten» (Meulenbelt, S. 36).

Daß die Seele des Mannes unverkennbar weibliche Züge trägt, ist relativ leicht nachvollziehbar, wenn man bedenkt, daß Seelisches an und für sich insofern weiblich-mütterlicher Natur ist, als es die ernährende Grundlage des Menschen überhaupt darstellt, aus der heraus er lebt und sich zu immer mehr Bewußtheit entwickelt. Dorthin kann er aber auch immer wieder zurückfallen wie in eine Art tragenden Mutterschoß oder Urgrund. Das Bewußtsein von Mann und Frau entwickelt sich aus diesem Urgrund des Unbewußten heraus, wobei jedoch immer die Gefahr droht, daß sich der eine Bereich vom anderen abspaltet und dadurch eine neurotische Entwicklung einsetzt. Erst das Zusammenspiel beider Bereiche – des Bewußtseins wie des Unbewußten – führt sowohl den Mann als auch die Frau zur Vollständigkeit. Im übrigen läßt sich hier die Frage stellen, warum denn das Unbewußte überhaupt Qualitäten wie «weiblich» oder «männlich» haben soll. Kann es nicht als eigene Kategorie angesehen werden, unabhängig von einschränkenden, festlegenden Zuordnungen, die zudem hier aus dem sexuellen Bereich genommen sind? Diese Frage drängt sich um so mehr auf, wenn wir bedenken, daß sich aus Träumen nicht direkt schließen läßt, ob sie von einer Frau oder von einem Mann geträumt worden sind. Denn sie weisen nicht eine nach Geschlechtern verschiedene Struktur auf. Figurenbesetzung, Handlungsablauf und finale Aussage einzelner Träume unterscheiden sich nicht aufgrund geschlechtsspezifischer Verschiedenartigkeit, sie sind vielmehr auf die jeweilige individuelle Situation bezogen. Da die Träume bekanntlich im Unbewußten entstehen, müßten sie jedoch unterschiedlicher Natur sein, falls das Unbewußte von Frau und Mann grundsätzlich verschieden wäre. Die Tatsache der gleichen Traumstruktur läßt vielmehr den Schluß zu, daß das Unbewußte von Frau und Mann gleicher und nicht diametral entgegengesetzter Natur ist.

Jung stützt seine Theorie vom Animus aber auch noch entwicklungspsychologisch ab, heißt es doch in seinem Alterswerk «Aion» (1950), S. 23: «Wie der erste Träger des projektionsbildenden Faktors für den Sohn die Mutter zu sein scheint (Anm. d. Vf.: was dann zur Bildung der Anima führt), so für die Tochter der *Vater* (Anm. d. Vf.: was dann zur Bildung des Animus führt).»

Die Begründung für die Existenz des Animus beruht demnach nicht nur auf einem einfachen, sondern gar auf einem doppelten Analogieschluß: Weil Jung in der männlichen Psyche gegengeschlechtliche Anteile gefunden hat, folgert er erstens, daß in der weiblichen Psyche männliche Anteile sein müssen. Der zweite Analogieschluß besteht darin, daß Jung unbewußte Anteile beim Mann als weiblich bezeichnet, weil die Mutter für das männliche Baby der erste Projektionsträger (richtigerweise *die* Projektionsträger*in*) ist, und dementsprechend jene unbewußten Anteile bei der Frau als männlich bezeichnet, weil angeblich der Vater für das weibliche Baby der erste Projektionsträger ist. Es scheint weder Jung selbst noch den Großteil seiner Nachfolger/-innen zu stören, daß auch in diesem Zusammenhang vom Mann auf die Frau geschlossen wird. Das heißt doch im Klartext wiederum nichts anderes, als daß der Mann der exemplarische Mensch ist. Das will uns ja auch die Sprache suggerieren, die das eigenständige Wort «Weib» degradiert hat; es hat einen weitgehend pejorativen Charakter bekommen. «Frau» heißt wörtlich «Herrin», es ist die Femininbildung

zu «Herr». Das Wort «Mann» hieß ursprünglich «Mensch» und gilt daher für männliche wie weibliche Menschen (vgl. Baumgardt, Wege zum Frausein heute, S. 192f.).
Ich finde es aufschlußreich, wie Jung in der Anima-Animus-Theorie immer vom Mann ausgehend auf die Frau schließt; seine patriarchale Einstellung ist für mich gerade in diesem deduktiven Vorgehen unübersehbar. Immer wieder wird versucht, sie vom Mann her abzuleiten, von seinem Wesen, von seiner Psychologie. Damit wird der Frau auf subtile Art eine Abhängigkeit vom Mann attestiert, die der Realität «Frau» an und für sich nicht entspricht, die jedoch von vielen Frauen durch Jahrhunderte hindurch gelebt worden ist. Erst durch Hinterfragung dieses deduktiven Verständnisses kann eine Klärung stattfinden, die die Frau nicht mehr als Ableitung von einem primär Vorhandenen, sondern als eigenständiges Wesen erkennt. In der Art dieser Begründung des Animus wird nicht nur die Fragwürdigkeit des Analogieschlusses deutlich, sondern dieser erweist sich zudem als falsch. Denn für das weibliche Kleinkind ist die Mutter ebenso wie für das männliche die erste und zentrale Bezugsperson und nicht der Vater, wie Jung das im obigen Zitat behauptet. Selbst heute sind Väter, die ihre Kinder versorgen und dadurch zur zentralen Bezugsperson werden, noch sehr selten – erst recht zu Jungs Zeiten. Hier liegt der große Denkfehler, der bisher weitgehend nicht hinterfragt wurde. So wurde die Existenz des Animus als gegeben angenommen. Aber zumindest an dieser Stelle innerhalb menschlicher Entwicklung und menschlichen Schicksals gilt unausweichlich klar, was Marina Möller-Gambaroff in ihrem Buch «Utopie der Treue» treffend formuliert hat: «Zumindest im Psychischen besteht ein Matriarchat vor dem Patriarchat. Die Abwehr dieses Matriarchats geht durch Unterdrückung und Entwertung der Frau und Usurpierung ihrer Potenzen vor sich, wie es auch in der klassischen psychoanalytischen Theorie über die weibliche Entwicklung geschieht» (Marina Möller-Gambaroff, S. 29).

Jungs doppelter Analogieschluß erweist sich also als doppelter Irrtum: einmal aus dem deduktiven Vorgehen, bei dem er die Voraussetzung unterstellt, daß sich die Frau vom Mann her ableite, damit also kein eigenständiges Wesen ist und danach auch keine eigenständige Seele zu haben scheint. Die Primärstellung, die Jung aus seiner patriarchalen Gesinnung heraus dem Mann einräumt, ist immer wieder unübersehbar. Eine ebenso gravierende Unterstellung ist die Verleugnung des Faktums, daß die Mutter sowohl für das männliche wie für das weibliche Kleinkind die erste und wichtigste Bezugsperson ist – und damit die erste Projektionsträgerin. Die gesamte neuere Literatur der Entwicklungspsychologie hält eindeutig an diesem Faktum fest, das sich sehr bestimmend auf die psychische Entwicklung des männlichen wie des weiblichen Menschen auswirkt. Jungs falsche Analogieschlüsse liegen einerseits in seinem konsequent durchgehaltenen polaren Denksystem begründet, wie ich dies bereits ausführlich dargestellt habe (S. 42f.; 71f.). Andererseits sind sie Ausdruck von Jungs deduktivem Denken. Ohne auch nur einmal in seinem zweiundzwanzig Bände umfassenden Werk nach der Richtigkeit dieses Vorgehens zu fragen, schließt er von der männlichen Psyche auf die weibliche. Es sei nochmals darauf hingewiesen, daß die Idee der Polarität und Komplementarität, wie sie Jung in seiner Theorie über das Bewußtsein und das Unbewußte von Mann und Frau zum unumstößlichen Faktum erklärt hat, nicht zu einem Ausgleich der Geschlechter bzw. zu einer Gleichwertigkeit in oder trotz der Andersartigkeit führt. Vielmehr führt sie zu einem Sexismus, der an den kulturell festgelegten Geschlechtsrollen-Stereotypien festhält und sie durch das Postulat des Archetypus noch verstärkt, indem sie damit als naturgegeben bzw. als a priori vorhanden erklärt und festgeschrieben werden.

Dadurch, daß Jung den Vater zum ersten Projektionsträger für die Tochter macht, entfernt er sich nicht nur von der tatsächlichen psychischen Realität des weiblichen Kleinkindes, wie ich oben ausgeführt habe, sondern er sichert durch diese Theorie dem Vater den ersten Platz in der Erlebniswelt des Mädchens zu. Auf eine erstaunliche Art ist Jungs Aussage falsch und richtig zugleich. Er glaubt, einen naturgegebenen Zustand zu beschreiben. Tatsächlich beschreibt er aber die perversen Verhältnisse, die durch das Patriarchat geschaffen wurden und aufrechterhalten werden. Denn je patriarchaler der Vater ist und je mehr sich die Mutter ihm unterwirft, desto «natürlicher» wird die Tochter das elterliche Wertsystem übernehmen und in der Folge entsprechende patriarchale Verhaltensmuster entwickeln. Die Theorie sichert somit unter anderem auch den Fortbestand bzw. die Tradierung des patriarchalen Systems, indem Jung den Vater zur zeitlich ersten und damit außerordentlich stark prägenden Bezugs- bzw. Projektionsfigur für das weibliche Kleinkind macht.

Es stimmt, daß Jung eine andere Einstellung zur Frau hat als Freud. Aber auch er ist dem Gedankengut des Patriarchats verhaftet und stößt nicht in eigentliches Neuland vor, das beiden Geschlechtern gerechter würde. So schätzt er die Frau beispielsweise wegen ihres Eros, ihrer Beziehungsfähigkeit. Bekanntlich sind es auch vorwiegend Frauen, die sein Werk unterstützt und verbreitet haben. Aber er definiert die Frau strenggenommen aus dem Erosprinzip heraus und weist sie sofort in diese ihre Schranken zurück, wenn sie sich in der Praxis darüber hinaus begibt und sich zum Beispiel im Feld des Logosprinzips aufhält. Unverblümt behauptet er, daß sie dadurch sofort vermännliche, ihr Wesen verleugne und verliere und sogar das Opfer einer Neurose werde. Es ist vollkommen unverständlich, daß auch heute noch viele diesen Ansatz Jungs nicht hinterfragen. Solange es nicht möglich ist, sich von dieser Auffassung der Frau zu lösen, werden Frauen in ihren Analysen und Therapien weiterhin zu Begrenzung und Einschränkung statt zur Individuation hingeführt.

Gefährlich – aber im Sinne des Fortbestandes des patriarchalen Systems wünschenswert – ist dabei auch der Multiplikationseffekt.
Wie gesagt, nehmen im Gesamtwerk die Beschreibungen der Anima einen weit größeren Raum ein als diejenigen des Animus. Schon aus dieser äußerlichen Auffälligkeit geht hervor, wie unterschiedlich Jung die Schwerpunkte setzt. In seinem Anima-Animus-Konzept wertet er deutlich, indem es für den Mann erstrebenswert ist, sich seiner Anima anzunehmen, ihr die nötige Beachtung zu schenken, um dadurch beziehungsfähiger zu werden und seine Gefühlswelt nicht mehr abspalten zu müssen, sondern sie vielmehr an sich anschließen zu können. Denn sie ist nach seiner Auffassung seine eigentliche Seele (lat. anima = Seele). Hingegen äußert er sich voller Skepsis und Ablehnung, wenn die Frau versucht, ihre sogenannten Animusseiten zu leben (lat. animus = Geist). Obwohl er immer wieder von der Notwendigkeit spricht, diese zu integrieren, macht er sich gleichzeitig auffallend unwissenschaftlich, wohl aber patriarchal herablassend und zynisch Luft über die vermännlichte, ihres eigenen Wesens verlustig gegangene Frau. Höchstens in verinnerlichter, introvertierter Form darf die Frau ihren Animus leben.
Die Theorie von Anima und Animus ist sehr schnell zu einem Dogma geworden und bedarf im orthodoxen Kreis keines weiteren Beweises. Sie leitet sich einerseits vom Mann ab und unterstützt ihn andererseits in seiner Wesensart, indem die Animakräfte immer mehr zu entfalten sind, die Frau aber ihre Animuskräfte zügeln oder noch lieber zurückbinden, «sublimieren» soll.

Es folgt hier eine kleine Aufstellung der Zitate zum Thema Animus aus dem 1. Kapitel, um Leserin und Leser in übersichtlicher Form nochmals einen kurzen Überblick zu ermöglichen:
– der Animus bringt Meinungen hervor (GW 7, S. 227)

- Meinungen mit dem Anspruch gültiger Wahrheit (GW 10, S. 141)
- verheerender, blind-eigensinniger Meinungsteufel (GW 9/2, S. 281)
- Versammlung von Vätern und sonstigen Autoritäten ... Animusmeinungen sind stets kollektiv (GW 7, S. 228)
- Niederschlag aller Erfahrungen der weiblichen Ahnen am Manne (GW 7, S. 229)
- Autonomie des Animus kann zu psychischen Abnormitäten und Besessenheitszuständen in allen Graden führen (GW 7, S. 247)
- Animus wird zur Funktion der Beziehung von Bewußtsein und Unbewußtem (GW 7, S. 246)
- Alle ... unliebenswürdigen Erscheinungen rühren aber ... von der Extraversion des Animus her. Er gehört nicht in die bewußte Beziehungsfunktion, sondern er sollte die Beziehung zum Unbewußten ermöglichen (GW 7, S. 229)
- zeugendes, schöpferisches Wesen (GW 7, S. 230)
- starr, prinzipienhaft, gesetzgeberisch, lehrhaft, weltverbessernd, theoretisch, in Wörtern verfangen, streit- und herrschsüchtig (GW 9/1, S. 138)
- der Animus fällt auf minderwertiges Denken herein (GW 9/1, S. 138)
- ... ihr Logos bedeutet nicht selten einen bedauerlichen Zwischenfall ..., er erregt Mißverständnisse und ärgerliche Interpretationen ..., er besteht aus Meinungen statt aus Überlegungen (GW 9/2, S. 23)
- vom Animus geritten läßt sich die Frau von keiner Logik der Erde erschüttern (GW 9/2, S. 24)
- animose Benebelung, die sich in Auffassungen, Deutungen, Meinungen, Insinuationen und Mißkonstruktionen äußert (GW 9/2, S. 25)
- ... als die, ihren Vater einzig verstehende (das heißt ewig rechthabende) Tochter ins Schafland versetzt, wo sie sich von ihrem Seelenhirten, dem Animus, weiden läßt (GW 9/2, S. 25)

- ... in der Gestalt des Vaters drückt sich nicht nur hergebrachte Meinung, sondern ebensosehr auch das, was man ‹Geist› nennt, aus, und zwar insbesondere philosophische und religiöse Allgemeinvorstellungen, bzw. jene Haltung, die sich aus solchen Überzeugungen ergibt (GW 9/2, S. 25)
- ein Psychopompos, ein Vermittler zwischen Bewußtsein und Unbewußtem, eine Personifikation des Unbewußten (GW 9/2, S. 25)
- durch die Integration wird der Animus zu einem Logos und verleiht dem weiblichen Bewußtsein Nachdenklichkeit, Überlegung und Erkenntnis (GW 9/2, S. 25)
- Anima und Animus sind Archetypen ... und daher nie Gegenstand unmittelbarer Bewußtheit ... Die Wirkungen können zwar bewußt gemacht werden; sie selber aber bilden bewußtseinstranszendente Faktoren, die der Anschauung und der Willkür entzogen sind. Sie bleiben daher autonom, trotz der Integration ihrer Inhalte ... (GW 9/2, S. 29)

Bevor ich mich im weiteren näher kritisch mit einzelnen Aspekten des Animus befasse, möchte ich – wie ich dies bei der Zusammenstellung der Inhalte der Anima auch getan habe – fragen, ob es wohl einen Mann gibt, der sich mit der hier angeführten Männlichkeit identifizieren kann. Hier finden wir nicht das wieder, was Jung mit dem Logos bezeichnet, den er dem Bewußtsein des Mannes zugrunde legt. Im Animus läßt sich jener Geist nicht finden, der zu der Klarheit, Vernunft und Sachlichkeit führt, wie sie nach Jung für das männliche Bewußtsein in der Gestalt des Logos-Prinzips typisch sind. Die hier zusammengestellten Inhalte des Animus sind eher eine zynische Abwertung dessen, was wir gemeinhin unter Geist oder Geistigkeit verstehen: Jung bezeichnet diese als unbewußten Logos.

Sachlichkeit ist jedoch keine Prärogative des Mannes. Ihr kann mindestens ebenso häufig in Frauenkreisen begegnet werden. Frauen können aufeinander eingehen und sind dabei dennoch in der Lage sachlich zu diskutieren. Dabei gelingt es ihnen oft, neue Ideen zu entwickeln, ohne daß dabei ihre Person im Vordergrund steht. In Männergremien hingegen, die uns allen beispielsweise aus Fernsehübertragungen, besonders aus dem Bereich der Politik, wohlbekannt sind, ist es oft erstaunlich, wie da die Sache an und für sich kaum eine Rolle spielt, sondern vielmehr als Vorwand für die eigene Profilierung dient, also nur ein Mittel zum Zweck ist.

Es geht aber in diesem Buch nicht um ein Ausspielen der Geschlechter, es geht einzig darum, Jungs Konzept des Animus zu hinterfragen und dadurch aufzuzeigen, daß er damit weder der Frau als solcher noch deren Seele gerecht wird, sondern vielmehr einen fragwürdigen Beitrag zur Geschlechterdifferenzierung beigesteuert hat. Denn die Frau hat eigene geistige Fähigkeiten, auch wenn sie immer noch zu wenig wagt, diese auch wirklich zu entfalten und anzuwenden. «Weibliche Spiritualität kann da, wo sie von einer Frau gelebt und eingesetzt wird, ihr zur Vollständigkeit und Lebendigkeit verhelfen. Denn weibliche Spiritualität zeichnet sich unter anderem gerade dadurch aus, daß sie die Verbindung zu ihrer Herkunft, dem weiblichen Urgrund, nicht verloren hat» (Olbricht/Baumgardt S. 180). Jung bleibt den Lesern und Leserinnen seines Gesamtwerkes in bezug auf den Animus eine wissenschaftliche Begründung weitgehend schuldig. Seine Beweisführung zu diesem Thema besteht vornehmlich aus Behauptungen, die sich auf seine eigenen oder die kulturell bedingten Projektionen der Frau gegenüber stützen. Die fehlende Sachlichkeit äußert sich auch in der Sprache, das wird in vielen Zitaten deutlich sichtbar.

Was Jung über die Unfähigkeit zur Sachlichkeit der Frau sagt, kurz: was er über den Animus sagt, ist eine recht zutreffende Beschreibung dessen, wie er selbst diese Theorie aufstellt und zu begründen glaubt: diese Theorie ist nichts mehr und nichts weniger als Jungs Meinung, von der er behauptet, sie sei eine allgemeine psychologische Tatsache. Die Auffassung über eine eigene weibliche Geistigkeit ist derjenigen Jungs allerdings diametral entgegengesetzt: «Daher äußert sich der minderwertige Logos im Animus der Frau als gänzlich unbezogenes und darum auch unzugängliches Vorurteil oder als Meinung, die mit dem Wesen des Objektes in irritierender Weise nichts zu tun hat» (Goldene Blüte, S. 36). Es ist auffallend, daß Jung glaubt, in seinen Beschreibungen über den Animus das geistige Wesen der Frau erfaßt zu haben. Das ist um so bemerkenswerter, wenn man bedenkt, wie sehr er selbst von geistig hochstehenden Frauen umgeben war, die an seinem Forschen nach neuen Erkenntnissen regen Anteil nahmen.

Mit der Annahme eines Animus verbindet Jung also unverkennbar eine geistige Inferiorität der Frau, indem der Animus nicht echtem logischen Denken entspreche, sondern aus lauter Meinungen mit absolutem Wahrheitsanspruch bestehe. Er meint, ihr Logos bedeute nicht selten einen bedauerlichen Zwischenfall; (kollektive) Meinungen, Behauptungen, Mißkonstruktionen, Insinuationen und anderes mehr seien Ausdruck und Beweis der minderwertigen logischen Begabung der Frau. Diese inhaltliche Definition des Animus findet sich im gesamten Werk Jungs. Seine Überlegenheit gegenüber der Frau kann wohl kaum deutlicher ausgedrückt werden als im angeblich berechtigten Gefühl des Mannes, sich gegenüber dem Animus bzw. der Frau einzig durch physische Gewalt Gehör verschaffen zu können. Daß die Frau eine spezifisch weibliche Geistigkeit entfalten könnte, ist für alle, die dem Konzept des Animus verhaftet sind, nicht denkbar. Denn dieser führt nicht zu einer Klarheit des Geistes, sondern in die Pathologie einer Neurose.

Erstaunlicherweise ist bei Jung dennoch von einer spezifisch weiblichen Spiritualität die Rede, und zwar im Zusammenhang mit der Gestalt der Sophia, jener Verkörperung weiblicher Weisheit, die in der christlichen Mystik höchste Verehrung fand. Von spezifisch weiblicher Spiritualität ist jedoch nie die Rede, wenn es um die Frau des zwanzigsten Jahrhunderts geht. Ihre Geistigkeit erschöpft sich in der Nachfolge bzw. Nachah-

mung des Mannes. Ihr Geist drückt sich, laut Zitat, in der Gestalt des Vaters aus, in Form von Allgemeinvorstellungen im philosophischen und religiösen Bereich. Er ist nichts Geringeres als «eine Versammlung von Vätern und sonstigen Autoritäten». Damit sagt Jung, daß es nicht ihr eigenständiger Geist ist, der in der Frau wirkt. Vielmehr übernimmt sie das Gedankengut von Vätern und weiteren männlichen Autoritäten. Aus welcher Quelle nimmt Jung eigentlich sein Wissen über den Ablauf des Denkprozesses bei der Frau? Der einzige Beweis, den er dazu anführt, ist seine Meinung, daß der leibliche Vater die erste Projektions- und damit Autoritätsfigur sei. Dies mag in geistigen Belangen dort stimmen, wo eine ausgeprägt patriarchale Ehe geführt wird, in der die Mutter ihre Geistigkeit überhaupt nicht zum Ausdruck bringen kann. Aber ist es nicht eher ein Wunschdenken des Mannes, daß der Vater die alleinige geistige Autoritätsfigur für die Tochter sei? Und ist es tatsächlich psycho-logisch so, daß die Frau sich in ihrem Denken und in ihrem geistigen Ausdruck nicht von ihrem Vater lösen kann, sie sozusagen sein geistiges Sprachrohr bleibt, daß er Zeit seines Lebens durch sie hindurchspricht?
Ich gestatte mir an dieser Stelle den Hinweis auf unseren Wissenschaftsbetrieb. Wer an einer Universität studiert hat, weiß, daß Studieren erst einmal ein Sichaneignen dessen ist, was eine Versammlung von Vätern und Autoritäten bereits herausgefunden hat. Eigenes Denken, eigene Einfälle sind selten gefragt. Nirgendwo wird wie in der Wissenschaft – und diese wird bis heute immer noch größtenteils von Männern repräsentiert – so viel voneinander abgeschrieben und gleichzeitig als eigene, neue Erkenntnis, als eigener, neuer Gedanke oder als eigene Meinung ausgegeben. Jung scheint da ein geläufiges Verfahren der wissenschaftlichen Welt auf die Frau bzw. auf deren Geistigkeit projiziert zu haben. Nur ist es in einem patriarchalen System so, daß die Meinung eines Mannes «natürlicherweise» logisch und daher richtig ist, diejenige der Frau aber unlogisch – sofern Logik einen Wert darstellt. Sonst

wäre es «natürlich» umgekehrt. Was zählt, ist die Meinung des Mannes – nicht etwa diejenige der Frau. Ihr Animus, der in gefährlicher Nähe zur Unbewußtheit steht, hat wieder einmal zugeschlagen und eine lächerliche, vielleicht sogar ärgerliche Meinung hervorgebracht. Das gibt dem Mann die Möglichkeit, die Frau mit ihrer falschen Meinung zu korrigieren – er kann sich damit seine eigene geistige Größe und Überlegenheit immer wieder neu beweisen. Und wenn ihm dies nicht auf Anhieb gelingt, kann es geschehen, daß der Animus durch lauter Vorurteile und Meinungen seine Anima reizt: der Mann wird notgedrungen giftig. Von Jungs Standpunkt aus ist es selbstverständlich, daß die Frau bzw. deren Animus daran schuld ist – nicht etwa der Mann. Der Mann wird durch diese Theorie immer wieder der Verantwortung für seine Reaktionen enthoben.

Es stimmt nachdenklich, erkennen zu müssen, daß Jung diese Auffassung nie hinterfragt hat. Es ist für ihn selbstverständlich, daß die Animusmeinung die falsche ist und eine gereizte Anima zur Folge hat. Kann die Frau wirklich nicht denken, hat sie nur unzutreffende Meinungen? Hat denn tatsächlich der Mann das ausschließliche Privileg der Logik? Diese Fragen drängen sich immer wieder neu auf, wenn wir die Konsequenzen aus Jungs Auffassungen ziehen, daß der Logos bei der Frau laut Definition ausschließlich im Bereich des Animus vorzufinden und damit im Unbewußten angesiedelt sei. Er kann daher nur inferior sein, nie ganz dem Bewußtsein angehören. Ich weiß, daß ich mich mit dieser Feststellung wiederhole. Dennoch gestatte ich sie mir, denn sie ist der ständige Tenor im gesamten Werk Jungs zur Frage nach dem Wesen der Frau. Die Frau kann aus dieser Perspektive gesehen den Mann im Reich des Geistes höchstens imitieren. Logos bzw. Liebe zur Sache, also klares, sachliches Denken, Sachlichkeit an sich sind demnach Bereiche des Mannes. Bekanntlich kann sich das patriarchale Denken nur halten, wenn es von den Frauen internalisiert worden ist und mitgetragen wird. Das ist auch im Bereich derjenigen so, die sich als die legitimen Interpreten und Träger seiner Lehre verstanden haben. Jolande Jacobi, die mit Jung eng zusammengearbeitet hat, schreibt: «Sie (die Frau, Anm. d. Vf.) wird stets unsicher sein im Reich des Logos» (Die Psychologie von C. G. Jung, S. 188f.). Aber – oder gerade auch – Jungs Ehefrau spricht in ihrem Buch «Animus und Anima» immer wieder von der geistigen Inferiorität der Frau. Allerdings werde ich den Eindruck nicht los, daß sie eine ausgesprochen kluge und intelligente Frau mit großer Bewußtseinsklarheit war. Warum wertet sie selbst das ab? – Daß eine solche Argumentation fortschrittlichem Denken nicht mehr nachvollziehbar ist, zeigt allein die Tatsache, daß inzwischen Männer, die tatsächlich versuchen, ihre emotionale Seite zu entfalten und zu leben – entgegen Jungs Behauptung –, sehr wohl glaubwürdige Kleinkindererzieher geworden sind.

Ein Zitat Jungs bezeichnet den Animus als zeugendes, schöpferisches Wesen. Aber man kann nur staunen, was er darunter versteht: «Wie der Mann sein Werk als ein Geschöpf aus seinem inneren Weiblichen hervorgehen läßt, so bringt das innere Männliche der Frau schöpferische Keime hervor, welche das Weibliche des Mannes zu befruchten vermögen. Das wäre die ‹femme inspiratrice›, die – wenn falsch aufgezogen – die Möglichkeit hat, auch zum schlimmsten Rechthaber und Prinzipienschulmeister – ‹animus hound›, wie eine meiner Patientinnen dies sinnentsprechend übersetzte – zu werden» (GW 7, S. 230). Wo der Animus bei einer Frau zum schöpferischen Keim wird, kann er dies nicht einfach für die Frau selbst werden, sondern diese Entwicklung findet für Jung ihren Sinn darin, daß sie zur Befruchtung der Anima des Mannes dient. Die Frau an sich darf kein geistiges Wesen sein, denn sonst lebt sie in ihrem «Hintergrund» und ist in Gefahr, einer Neurose zum Opfer zu fallen. Ihren allenfalls teilweise entwickelten Geist hat sie direkt in den Dienst des Mannes zu stellen: sie soll damit ihn bzw. seine Anima

befruchten. Jung spricht an solchen Stellen der Frau das Recht zur Eigenentwicklung ab. Sie hat «Dienerin» zu bleiben.
Wenn Jung behauptet, eine Frau, die ihren Logos bzw. ihren Animus nach außen hin in der Extraversion einsetze, das heißt sich denkend der Welt zuwende, werde starr, prinzipienhaft, streit- und herrschsüchtig, dann steckt in dieser offensichtlichen Diffamierung der Frau ein Aspekt, der es verdient, reflektiert zu werden, der allerdings von Jung nicht erkannt worden ist: wo ein Mensch ständig unterdrückt und für dumm gehalten, das heißt als zweitrangig behandelt wird, kann er sich als Reaktion sehr wohl in der beschriebenen Form verändern und starr, prinzipienhaft, lehrhaft, weltverbessernd, streit- und herrschsüchtig werden. Das ist dann jedoch Ausdruck des Versuchs, trotz der zugeschriebenen Zweitrangigkeit zu überleben. Dies ist aber nicht ein geschlechtsgebundenes Reaktionsmuster, sondern ein allgemein menschliches. Auch Männer reagieren mit Starrheit und beginnen, sich rechthaberisch zu behaupten, wenn sie sich nicht ernstgenommen fühlen.
Der Versuch, den Animus bewußt zu leben, kann nach Jung der Frau «Nachdenklichkeit, Überlegung und Erkenntnis» bringen. Jung vermeidet aber zu sagen, daß er der Frau dadurch klare Denkfähigkeit verleiht und sie zum Beispiel zu einer geistigen Partnerin des Mannes machen könnte. Der integrierte Animus führt nicht zu aktiv nach außen wirkender Geistigkeit, sondern vielmehr zum Nachdenken und Überlegen und vielleicht zum Erkennen.
Dieses kleine Zugeständnis an geistiger Möglichkeit der Frau erhält aber sofort einen Dämpfer, indem einerseits der Animus als Archetypus bezeichnet wird und daher nicht einfach dem Bewußtsein integriert werden kann. Der Animus als solcher bleibt unbewußt und damit letztlich eben auch die logischen Möglichkeiten der Frau.
Der Dämpfer wird andererseits auch deutlich in der Konsequenz eines teilweise integrierten Animus: einzig eine verhaltene Geistigkeit darf das Resultat der Bewußtseinsarbeit einer

Frau mit sich selbst sein. Forscher, direkter Einsatz des aus dem Unbewußten erlösten Geistes führt die Frau zu Vermännlichung und zur Neurose. Vornehme Zurückhaltung auch im Geistigen sieht Jung als einzig gelungene Integration des Animus an. Wo die Frau frei ihre Geistigkeit lebt, zum Beispiel ihre Meinung offen äußert und sich diese nicht mit derjenigen des Mannes deckt, ist dies für einen patriarchal gesinnten Mann einfach nicht annehmbar. Er muß die Frau abwerten, indem er sie auf den Eros reduziert. Frauen, die dennoch wagen, Gedanken, Meinungen, Einsichten zu äußern, die denjenigen des Mannes widersprechen, werden auf infame Weise lächerlich gemacht – gerade auch durch Jungs Theorie vom Animus: sie ist es, die den Mann verärgert, die die Schuld an seiner Verstimmung trägt. Diese Aussage Jungs (vgl. dazu z. B. GW 7, S. 229) zeigt den Anspruch des patriarchal gesinnten Mannes: er allein weiß, was logisch richtig ist. Die Frau hat sich daher seiner Meinung anzuschließen; denn die Fähigkeit des Denkens ist eine Prärogative des Mannes.

Im Patriarchat ist auch keine Meinungsbildung aufgrund eines Meinungsaustausches zwischen den Geschlechtern möglich, denn hier geht es nur um Dominanz, also um Machtkampf, nicht um Beziehung. Durch die Animustheorie festigt Jung die Vorrangstellung des Mannes und verhindert die Möglichkeit des geistigen Austausches und damit auch diejenige einer echten Partnerschaft zwischen den Geschlechtern. So wird Beziehung unmöglich. Er meint, die Frau sei von Prinzipien beherrscht und könne nur rechthaberisch auf ihre Meinungen pochen. Die Unfähigkeit des Mannes zum gegenseitigen Austausch, zum richtigen Hinhören und bezogenen Antworten wird auf die Frau projiziert: sie sei unfähig zur Klarheit, sie sei daher kein Diskussionspartner, sondern ein von Meinungen besessenes, hilfloses Wesen, das den Mann irritiert und verärgert. Daß Frauen vielleicht teilweise anders denken, aber keineswegs unlogischer, ist für Jung

nicht einmal des Nachdenkens würdig. Damit wird seine Verwurzelung im Patriarchat sehr deutlich: mit der denkenden Frau braucht sich der Mann nicht auseinanderzusetzen, weil es sie in seinem Bild bzw. in seiner Theorie nicht gibt.
Es tönt wie ein Trost für die Frau, wenn Jung darauf hinweist, daß der Animus in einer introvertierten Funktion, nämlich als Vermittler zwischen Bewußtsein und Unbewußtem, zu wirken habe. Wir Frauen sollen also einen unbewußten männlichen Seelenanteil, der als minderwertiger Logos definiert wird, zur Vermittlung zwischen zwei seelischen Bereichen einsetzen. Definitionsgemäß wäre das die Aufgabe der Erosfunktion. Widerspricht sich da Jung nicht selbst? Die eigenen theoretischen Voraussetzungen werden außer Kraft gesetzt, und systemimmanente Widersprüche stören ihn nicht. Argumentiert er hier animos gegen die Frau?
In meiner bisherigen Kritik an der Animustheorie habe ich aufzuzeigen versucht, daß deren Begründung über den Analogieschluß vom Mann auf die Frau bzw. von der Bedeutung von Mutter und Vater für Sohn und Tochter falsch ist und daß die Beschreibung der Anima, also der Frau im Mann, nicht auf Tatsachen, nicht auf realen Erkenntnissen, sondern auf männlichen Projektionen beruht. Aufgrund dieses patriarchalen Bildes, wie eine Frau zu sein hat, muß auch das, was Jung mit Animus bezeichnet, in ihr verurteilt werden. Zu diesen Irrtümern gesellt sich noch ein weiterer Denkfehler: immer wieder weist Jung innerhalb seines polarisierenden Weltbildes das Unbewußte dem weiblichen (Symbol-)Bereich zu. Das Unbewußte einer Frau weist nach dieser Theorie im persönlichen Bereich die gleichgeschlechtlichen Schattenaspekte auf, im größeren, eigentlichen Bereich des Unbewußten, im sogenannten kollektiven Unbewußten, dem die schöpferischen Kräfte des Menschen entspringen, werden Animus und Selbst lokalisiert. Wie kann es sein, daß in einem als weiblich bezeichneten seelischen Umfeld ausgerechnet eine als männlich bezeichnete Kraft derart wirksam ist? Oder noch deutlicher: das kollektive Unbe-

wußte der Frau ist nach dieser Theorie großenteils männlich. Dies ist ein absurder Widerspruch, der nur diejenigen nicht stört, die den Primat des Mannes bzw. des Männlichen mit allen Mitteln aufrechtzuerhalten suchen. Es ist unlogisch, zu behaupten, daß wichtige seelische Anteile im (per se weiblichen) Unbewußten der Frau männlicher und damit wesensfremder Natur seien. Das erinnert an jene Frage aus dem Mittelalter, ob die Frau überhaupt eine Seele habe. Wenn diese Frage notgedrungen bejaht werden muß, dann soll sie wenigstens mit entsprechend kräftigen männlichen Anteilen ausgestattet sein. Dieselbe Frage stellt sich in bezug auf den Mann kaum, da Jung die Anima oft als die eigentliche Seele des Mannes bezeichnet.

Noch grotesker ist in diesem Zusammenhang die Auffassung einiger Nachfolger/-innen Jungs, die glauben, ein männlicher Analytiker sei für eine Frau besser, weil er durch die Anima-Animus-Konstellation in der Übertragungs- und Gegenübertragungssituation in größere seelische Tiefen vordringen könne als eine Analytikerin.

Denn zwischen zwei Frauen finde auf der unbewußten Ebene nur eine Begegnung innerhalb des Bereiches des persönlichen, also des gleichgeschlechtlichen Unbewußten statt. Im Sinne von Jungs Quaternio, jener Grundkonstellation für die Beziehung zwischen Mann und Frau, korrespondiere nämlich die Anima des Mannes/Analytikers mit dem Bewußtsein der Frau/Analysandin und umgekehrt der Animus der Frau/Analysandin mit dem Bewußtsein des Mannes/Analytikers. Dadurch wird es nach dieser Theorie der Analysandin bzw. der Frau möglich, ihr bisher unbewußte Animusanteile wahrzunehmen und zu integrieren. Obwohl innerhalb dieser Theorie auch festgestellt wird, daß umgekehrt eine Analytikerin mit einem männlichen Analysanden größere emotionale Tiefen ausloten kann als ein Analytiker, wird auch damit der Frau eine eigene weibliche Geistigkeit abgesprochen. Es gibt auch heute noch immer bedeutend mehr männliche als weibliche Analytiker,

der Patienten- oder Analysandenbestand jedoch setzt sich prozentual überwiegend aus Frauen zusammen.
Das Anima-Animus-Konzept hilft somit auch in seinen praktischen Auswirkungen die Stellung des Mannes zu stärken und die der Frau zu schwächen.

Ein letzter kritischer Punkt im Anima-Animus-Konzept ist für mich die Frage, was für ein Menschenbild hinter einer solchen Auffassung steht. Da gibt es einerseits den Mann, der aber nicht ausschließlich Mann ist, sondern von weiblichen Anteilen in seiner Seele geleitet wird. Da gibt es andererseits die Frau, die nicht ausschließlich Frau ist, sondern männliche Anteile in ihrer Seele beherbergt, die sie aber besser nicht allzusehr walten läßt, weil sie sich sonst ihrem Wesen als Frau entfremdet.
Kurz: Jedes Geschlecht weist gegengleich Anteile vom anderen in sich auf. Wenn ich versuche, Jungs Vorstellung weiterzuführen und seinen diesbezüglichen Gedanken zu Ende zu denken, so entsteht für mich das androgyne, zweigeschlechtliche Wesen, wie wir es aus der Religionsgeschichte vieler Völker kennen. Es entsteht ein Wesen jenseits jeden Geschlechts, indem die Geschlechtsanteile des einen Geschlechts diejenigen des anderen aufheben. Dies ist eine Vorstellung aus dem Bereich des Göttlichen: in der göttlichen Einheit sind alle Gegensätze – auch die sexuellen – vereint bzw. aufgehoben. Die Vorstellung der göttlichen Androgynie weitet sich auf die Vorstellung des vollkommenen Menschen aus, der entweder an den Ursprung oder in die Zukunft der Menschheitsgeschichte verlegt wird. Der Religionshistoriker M. Eliade spricht in diesem Zusammenhang vom Mythos der göttlichen Androgynie und vom Mythos der menschlichen Zweigeschlechtlichkeit: «Dem Mythos der göttlichen Androgynie – der, neben anderen Formeln der *coincidentia oppositorum,* das Paradoxon des göttlichen Seins vortrefflich zum Ausdruck bringt – entspricht in einer Reihe von Mythen und Ritualen die menschliche Androgynie. Der Göttermythos bildet hier ein

Paradigma für das religiöse Erlebnis des Menschen. Zahlreiche Überlieferungen fassen den ‹Urmenschen›, den Ahnen als Doppelwesen ... Die Zweigeschlechtlichkeit des ersten Menschen ist eine Überlieferung, die in den sogenannten ‹primitiven› Gesellschaften noch sehr lebendig ist ... und sie hat sich sogar in einer so entwickelten Anthropologie wie der von Plato erhalten – oder neu gebildet (vgl. ‹Gastmahl›), ebenso bei den Gnostikern ...» (Eliade, S. 479f.). Eliade weist nach, daß «der Mensch periodisch das Bedürfnis zeigt, die Verfassung des vollkommenen Menschen wiederzuerlangen (und sei es nur im Aufleuchten eines Augenblicks), und in dieser Verfassung koexistieren die Geschlechter, wie sie und alle anderen Attribute und Qualitäten in der Gottheit koexistieren ... Er verwirklicht für einen Augenblick die Einheit der Geschlechter, und das ist ein Zustand, der ihm die volle Anschauung des Kosmos erleichtert. Das Bedürfnis, das der Mensch fühlt, von Zeit zu Zeit seine differenzierte und festgelegte Verfassung aufzuheben, um eine urzeitliche Ganzheit wiederzufinden ..., die Reintegration in der paradiesischen Verfassung des ‹ersten Menschen›. Und alle diese Riten haben die Mythen von göttlicher Androgynie zum exemplarischen Modell ... Androgynie wird ... auch durch die Alchimie erlangt» (S. 481f.). Diese mythische Denkweise aus dem Bereich des Göttlichen steht aber in deutlichem Widerspruch zur Biologie des Menschen bzw. der beiden Geschlechter, wie es in den Chromosomen festgelegt ist. Sie ist eine uralte Vorstellung, ein Wunschtraum des Menschen, der aber nicht als Existenzmöglichkeit realisierbar ist. Er transzendiert die existenzielle Seinsweise.

Ich sehe gerade im Gedanken des psychischen Hermaphrodismus bzw. Androgynie eine spezifisch Jungsche Denkweise: es liegt hier ein gewisser Widerspruch vor. Einerseits müssen sich Frau und Mann aufgrund des Polaritätsprinzips unterscheiden. Aus der extrapersonalen Bipolarität (Mann/Frau) wird eine intrapersonale, intrapsychische (Animus und Mann/Anima). Andererseits wird die Individuation, die Ganzwerdung, beschrieben, als Integration der eigenen männlichen und weiblichen Anteile, so daß die Polarität für einen Augenblick aufgehoben sein soll. Werde ich nun tatsächlich ganz Frau bzw. ganz Mann, indem ich meine Gegengeschlechtlichkeit integriere? Strebt jenes Ziel des Individuationsprozesses, nämlich das Erreichen der seelischen Ganzheit, nicht über das dem Menschen Mögliche hinaus? Es scheint ein philosophisches Ziel zu sein, das dem Menschen seit alters her vorschwebt, das aber nicht verwirklicht werden kann. Kann der Mensch überhaupt Erfahrungen des anderen Geschlechts in sich haben? Ist dies dem Mann aufgrund seiner Chromosomenstruktur einerseits und der Mutter als der ersten Bezugsperson andererseits vielleicht möglich? Aber wie ist dies für die Frau?

Die Aufhebung der Gegensätzlichkeit scheint mir in der Frage der Geschlechter ein hilfreicher Denkanstoß zu sein. Frau und Mann nicht einfach mehr als Gegensätze zu sehen, entspricht eher der Wirklichkeit, so wenig wie bekanntlich die beiden Seiten einer Medaille einfach Gegensätze sind. Sie sind nur zwei unterschiedliche Erscheinungsweisen ein und derselben Münze. Jung scheint durch seine Theorie die Gegensätzlichkeit dadurch aufheben zu wollen, daß er Frau und Mann scheinbar derart einander angleichen läßt, daß sie zu «integrierten Menschen» werden. Dies wiederum ist eine Idealvorstellung, die vom Wesen des profanen Menschen weit entfernt ist. Aber die Menschheit träumt davon schon lange als von einer paradiesischen Vorstellung des Menschseins. Jung greift diesen Traum auf – die Ganzheitlichkeit scheint in erreichbare Nähe zu rükken. Das täuscht aber: in seiner Theorie bleibt, wie bereits ausgeführt, der Unterschied auf der Wert-Ebene, also der hierarchische Unterschied erhalten. Die Vorstellung, daß der Mann das Primäre sei, wird nicht korrigiert. Nur scheinbar sind beide Geschlechter gleichwertig.

Beiden Geschlechtern widerfährt jedoch mehr Gerechtigkeit, wenn der Anspruch entfällt, daß beide ein Gegensatzpaar bilden müssen, das sich hin auf das Endziel der Entwicklung, nämlich zu dem einen Wesen des ganzheitlichen Menschen bewegt. Ohne diesen Anspruch wird es vielleicht im Laufe der Zeit möglich, beide – Frau und Mann – auch als selbständige, eigenständige Wesen anzuerkennen. Damit wäre auch dem fatalen Gedanken, daß die Frau das Derivat des Mannes sei, ein Ende gesetzt. Solange wir aber die beiden Geschlechter in einem wertenden Polarisierungssystem zu erfassen versuchen, bleiben wir in einer patriarchalen Werthierarchie, die sich im Zwang des Ab- und Aufwertens in Form von vorgeschriebenen, festgelegten Positionen statt in der Akzeptanz der wertfreien Unterschiedlichkeit äußert. Davon ist Jung weit entfernt, wenn er schreibt: «Der Animus auf niederer Stufe ist ein minderwertiger Logos, eine Karikatur des differenzierten männlichen Geistes, wie die Anima auf niederer Stufe eine Karikatur des weiblichen Eros ist» (Goldene Blüte, S. 36).

Obwohl ich mit Jung der Meinung bin, daß in diese Ganzheits- und Heilsvorstellungen zahlreiche archetypische Sehnsüchte eingehen, so finde ich doch, daß in dem Begriff des «integrierten Menschen» ein Teil der Realität verleugnet wird. Das eigenständige Wesen der Frau und das ebenfalls eigenständige Wesen des Mannes werden nicht ausreichend anerkannt. Die Differenz wird nivelliert. Erst indem Frau und Mann als selbständige, eigenständige Wesen anerkannt werden, findet das Unrecht des Patriarchats ein Ende.

Das Wesen des Animus

In den vorausgegangenen Kapiteln habe ich aufzuzeigen versucht, daß der Animus weder inhaltlich noch begrifflich ein wesentlicher Bestandteil der weiblichen Psyche sein muß. Scheinbar paradoxerweise gestatte ich mir am Ende dieses Buches die Frage, ob es den Animus tatsächlich gibt.

Daß es ihn heute noch gibt, steht für mich fest – aber ich stelle ihn in einen deutlich anderen Kontext, als Jung dies tat. Inhaltlich existiert der Animus in den Projektionen derjenigen Männer, die sich immer noch an einem Bild der Frau orientieren, das diese schwach und zweitrangig erscheinen läßt. Um sich den eigenen Schwächen entledigen zu können, werden diese auf den Animus bzw. die Frau projiziert. Diese Projektion erspart dem betreffenden Mann die Auseinandersetzung mit der eigenen Schwäche und bestätigt ihn in seiner Größe und Überlegenheit. Derartige Projektionen führen den Mann zu einem falschen Bild von sich selbst wie von der Frau. Sie ermöglichen ihm, in einer fiktiven Idealwelt zu leben, und hindern ihn, sich mit der konkreten Realität auseinanderzusetzen. Männer, die an diesen Projektionen festhalten, bauen auf einem falschen Selbst, nämlich auf einem Größenselbst auf.

Wenn die Frau die Projektion der Schwäche annimmt, so baut sie ihrerseits auf einem falschen Selbst auf: sie erniedrigt sich und ihren Wert. Und damit ereignet sich jener fatale Clinch, den Jung in seinem Denken von den sich ergänzenden Gegensätzen herstellt: zur Aufrechterhaltung eines scheinbaren Gleichgewichts braucht es die Theorie der Ungleichheit, bzw. das eine Geschlecht braucht das andere, um sich wechselseitig in seiner Größe oder Minderwertigkeit zu bestätigen. Eine derartig festgeschriebene gegenseitige Abhängigkeit verunmöglicht eine unabhängige Entwicklung und Entfaltung, denn das eine wird zum Maß und zum Maßstab des anderen. Wir haben es bereits gesagt. Die Inhalte, die Jung dem Animus zuordnet, sind also männliche Projektionen und nicht eine Charakterisierung weiblicher Wesensart. Diese Inhalte kreisen alle um die Frage weiblicher Geistigkeit und attestieren der Frau einen minderwertigen Geist, eine Karikatur im Vergleich zum Geist des Mannes. Ihre Geistigkeit erschöpft sich in Meinungen und Vorurteilen, in geistiger Unschärfe, die niemals ins Schwarze trifft. Deren höchste Entfaltungsmöglichkeit erkennt Jung in Allgemeinvorstellungen philosophischer und religiöser Art, also nicht im schöpferischen eigenständigen Denken.

Mit der Theorie der minderwertigen Denkfähigkeit, wie sie

begrifflich und inhaltlich von Jung im Animuskonzept entfaltet wird, unterstützt er von tiefenpsychologischer Seite her jene jahrhundertealte Theorie von der geistigen Überlegenheit des Mannes im Vergleich zur Frau. Aber auch diese Theorie stützt sich ausschließlich auf männliche Projektionen und nicht auf Erfahrungen des Mannes mit der Frau. Denn auf eigene Erfahrungen muß sich derjenige, der sich auf eine für ihn gesicherte Theorie berufen kann, niemals einlassen. Daher löst es immer auch tiefe Ängste aus, wenn von außen her an einer Theorie gerüttelt wird. Bewahrende Reaktionen bleiben nicht aus – wir kennen wohl alle jene konservativen und konservierenden Kräfte in unserer eigenen Seele.

Indem der Animus als eine Art verkümmerter Ausdrucksform des männlichen Geistes dem Weiblichen zugeordnet wird, wird gleichzeitig auch ein für allemal festgelegt, daß sich die Überlegenheit des Mannes nicht nur auf die tatsächlich größere Muskelkraft bezieht, sondern ebenso auf eine die Frau überragende geistige Potenz. Die Kräfte des Geistes dem männlichen Prinzip – und damit dem Mann – zuzuordnen, ist eine der Anmaßungen, wie sie das Patriarchat zu seiner Aufrechterhaltung braucht.

Hinter der Animustheorie steckt trotz aller Achtung, die Jung der Frau auch gezollt hat, eine tiefe Ver-achtung. Verachtung ist immer ein Mittel der Abwertung, das es unnötig macht, den Verachteten ernstzunehmen und sich auf gleicher Ebene mit ihm auseinanderzusetzen. Verachtung vermeidet Auseinandersetzung und Beziehung. Dahinter steht ein Rivalitätsdenken, das keine Konkurrenz auf dem eigenen Gebiet duldet, aber die Auseinandersetzung vermeiden möchte. Und damit wird ebenso deutlich, wie sehr sich hinter der Verachtung eine tiefe Angst vor der Frau verbirgt. Gerade auch die sogenannten positiven Inhalte der Anima, wie sie sich in Figuren der Maria oder Sophia zeigen sollen, sind Hinweise auf eine tiefsitzende Angst des Mannes gegenüber der Frau. Denn sobald die Frau (oder ein weiblicher Inhalt) als heilig erklärt wird, wird sie ja

nicht nur verehrt, sondern gleichzeitig der irdisch-menschlichen Realität beraubt. Sie wird dadurch in eine irreale Ferne entrückt, von dort her bedeutet sie für den Mann keine Konkurrenz mehr. Indem er sie zur Heiligen erhöht, kann er sie anbeten – der Minnesang ist nur ein Beispiel unter vielen anderen –, muß sich aber nicht mehr mit ihrem eigentlichen Wesen auseinandersetzen.
Die Projektionen, wie sie im Animus zum Ausdruck kommen, ermöglichen Verteufelung wie Verherrlichung der Frau: beide Sichtweisen haben zur Folge, daß für die Frau auf der realen Ebene des tatsächlichen Lebens kein ihr entsprechender Platz vorhanden ist. Mit diesen Projektionen bzw. der Animustheorie sichert sich – wie gesagt – der Mann die Idee seiner geistigen Vorherrschaft.

Die zweite Ausprägung des Animus im Sinne von bloßer Meinung haftet – wie ich einleitend kurz festgestellt habe – gerade Frauen in unserer Kultur und in unserer Zeit an. Denn eine jahrhundertelange, wenn nicht gar jahrtausendealte Geschichte der Abhängigkeit und Zweitrangigkeit hinterläßt ihre Spuren. Die Lebensgeschichte vieler Frauen zeigt, wie schwierig es ist, sich als Frau in unserer Gesellschaft als vollwertiges Glied zu fühlen und auch danach zu leben. Die Vorstellung, daß der Mann der Erste, der Wichtigere, der Kräftigere, der Gescheitere ist, treibt die Frau unausweichlich in Minderwertigkeitsgefühle, die sie meistens schon als junges Mädchen beherrschen. Sie lernt meist schon früh, in ihn den Überlegenen zu projizieren. Das, was Jung mit «Animus» bezeichnet und in dieses scheinbar geschlechterharmonisierende Polaritätsprinzip eingebaut hat, ist ein tyrannischer, oft alles dominierender Minderwertigkeitskomplex.
Wie ein Komplex entsteht, wie er wirkt und schließlich zur autonomen, ich-unabhängigen Steuerung des betroffenen Menschen wird, hat Jung sehr eindrücklich und ebenso treffend dargestellt. Ein Komplex zeichnet sich unter anderem dadurch

aus, daß er sich der bewußten Kontrolle entzieht. Er entwickelt eine seelische Eigendynamik, Jung spricht in diesem Zusammenhang sogar von einer Art Eigenpersönlichkeit. «Die Inhalte des persönlichen Unbewußten sind in der Hauptsache die sogenannten *gefühlsbetonten Komplexe,* welche die persönliche Intimität des seelischen Lebens ausmachen. Die Inhalte des kollektiven Unbewußten dagegen sind die sogenannten *Archetypen*» (GW 9/1, S. 14).

Im Vorhandensein eines Komplexes spiegelt sich ein seelischer Abspaltungsvorgang wider. Der negative Animus überfällt die Frau, entreißt ihr die Selbststeuerung und verselbständigt sich schließlich. In der Auswirkung wird er oft sowohl von der betroffenen Frau selbst wie auch von ihrer Umgebung als eigentlich nicht zu ihr gehörig oder, besser gesagt, als sie entstellend erlebt.

Wenn der Mensch durch das Verhalten oder die Aussage eines anderen in einen Komplex hineingetrieben wird, erlebt er dies als eine Bedrohung, die ihn zu vernichten scheint. Aus der Verletzung heraus reagiert der Betroffene entweder sehr heftig mit Verteidigung und Rechtfertigung, oder aber er geht in den Rückzug und fällt sozusagen in sich zusammen. Viele Beschreibungen des Animus sind Beschreibungen derartiger Reaktionen. Diese Reaktion auf Verletzung und Kränkungen ist nicht geschlechtsspezifisch, also weder typisch weiblich noch typisch männlich. Mann wie Frau reagieren so, wenn sie angegriffen und verwundet werden. Das gilt übrigens auch für Tiere; es ist also eine Art zu reagieren, die nicht einmal artgebunden ist. Dennoch wird sie immer noch auf die Frau projiziert bzw. als weibliches Reaktionsmuster deklariert.

Wenn eine Frau, der schon als kleines Kind Minderwertigkeit bescheinigt wurde, späterhin trotz all ihrer Fähigkeiten ständig in der Gesellschaft als zweitrangig behandelt wird, wenn alles, was sie unternimmt, nicht die gleiche Bedeutung hat, bloß weil sie eine Frau ist, dann ist das Zustandekommen eines Minderwertigkeitskomplexes unausweichlich und bedarf keiner weiteren Erklärung. Daß der Komplex immer größere Kreise zu ziehen beginnt, so daß die Frau ihre induzierte geistige Unterlegenheit schließlich als naturgegeben hinnimmt, liegt sowohl in der Eigendynamik begründet, die Komplexe an sich haben, als auch in dem Umstand, daß die Inhaber der patriarchalen Macht in der Regel nicht müde werden, die Gedemütigten noch mehr zu demütigen.

Das Resultat ist heute genügend bekannt und sichtbar: auf allen gesellschaftlichen und geistigen Ebenen ist die Frau in der Minderzahl anzutreffen – den Rückzug hat sie seit Jahrhunderten bis zum Perfektionismus geübt. Mehr noch, es wirkt immer wieder neu unangemessen, wenn eine Frau sich von Natur aus als dem Manne an sich geistig unterlegen fühlt und ihm das Feld überläßt. Einzelne Frauen mögen einzelnen Männern unterlegen sein; aber das Gegenteil ist genauso der Fall. Der Komplex wirkt – es bleibt nur zu hoffen, daß er immer mehr Frauen bewußt wird, so daß an seiner Auflösung gearbeitet werden kann. Dies ist nämlich möglich, da er ja nicht von Natur aus zur Frau gehörig ist, sondern eben bloß eine Reaktion auf entsprechende Erziehung, Gesellschaftsstrukturen und Theorien darstellt. Das Resultat ist jedoch nicht nur stiller, lautloser Rückzug, sondern auch jenes Reagieren aus der Verletzung, eben aus der zugewiesenen Zweitrangigkeit heraus: anstatt von Vorurteilen frei ihre geistigen Fähigkeiten zu schulen und zu entfalten, beugt sich die Frau dem Vorurteil und kann nun nicht mehr einfach sachlich argumentieren. Sie schreit, weil sie nicht gehört und nicht ernst oder als vollwertig genommen wird. Sie muß als Folge den Vorwurf auf sich nehmen, von Meinungen und Argumentiererei besessen zu sein, wenn sie trotz aller Zurechtweisungen dennoch versucht, zu ihrem Recht zu kommen.

Animusbesessen und rechthaberisch ..., mit dieser Theorie wird ihr ja völlig das Recht genommen, sich zu wehren, sich zu verteidigen, sich zu schützen, sich durchzusetzen. Denn dies sind die Privilegien des Mannes, die er beim Aufgeben seiner

Vormachtsstellung mit der Frau teilen müßte. Daher wirkt eine solche Frau männlich – ihr Animus und nicht sie spricht aus ihr –, wenn sie sich gegen die alleinige Vorrangstellung des Mannes auf geistigem Gebiet zu wehren beginnt. Sie verhält sich ja tatsächlich männlich, wenn der Wunsch, gehört zu werden, zum männlichen Privileg gemacht wird. Viele Frauen versuchen bekanntlich in ihrer Not, durch Nachahmung des Mannes Boden unter die Füße zu bekommen, im allgemeinen mit zweifelhaftem Erfolg. Denn Imitation hat Entfremdung und Selbstverrat zur Folge. Und *diese* kann zur Neurose führen, nicht aber die Entdeckung des eigenen Geistes und dessen Entfaltung und Einsetzen in der Alltagsgestaltung! Jung unterstützt jedoch die Entwicklung der Neurose damit, daß er dem Mann in einem solchen Augenblick – zur Aufrechterhaltung der männlichen Prärogative des Geistes – darin recht gibt, nur «Verführung oder Verprügelung oder Vergewaltigung» hätten noch Über-zeugungs-kraft genug, um die Frau von einer eigenen Überzeugung abzubringen – was nach obigem Zitat nicht nur Ruhe schaffen würde, sondern zugleich auch fruchtbar (zeugend) wäre!
Zusammenfassend definiere ich daher den *Animus* als ein *komplexhaftes Reagieren*. Er ist ein Komplex, genauer ein Minderwertigkeitskomplex, der nicht primär zum weiblichen Wesen gehört, sondern eine Reaktion auf die Unterdrückung der Frau ist. Er kann sich – je nach Erziehung und Elternhaus – schon beim weiblichen Kleinkind bilden, so daß er sogar Bestandteil einer frühen Störung werden kann.
Damit denke ich aus meiner Sicht klargestellt zu haben, daß der Animus als solcher existiert, jedoch ein Komplex ist. Er ist die Sprache, die sich die Frau im Laufe der geistigen Unterdrükkung eingehandelt hat.

Sich davon zu befreien, heißt für mich Emanzipation. Das ist kein Geschehen, das sich gegen den Mann an und für sich richtet, sondern allein gegen dessen Anspruch des ausschließlichen geistigen Primats. Aber niemand – weder Frau noch Mann – gibt gerne Privilegien auf. Daher liegt es nahe, daß der Mann sich gegenüber emanzipatorischen Bestrebungen der Frau auf seine alten Theorien stützt, die ihm seine Vorrangstellung über so lange Zeiten hinweg gesichert haben. Sie liefern aber ihrer langen Zeitdauer wegen noch lange keinen Beweis für ihre Richtigkeit. Will sich eine Frau tatsächlich entfalten, so muß sie die männlichen Primatsansprüche als Projektionen erkennen, und sie darf sie nicht mehr erfüllen, indem sie sich damit identifiziert. Dadurch kann ihr auch ihr Minderwertigkeitskomplex allmählich bewußt werden, so daß sie diesen überprüfen und sich aus Abhängigkeit, Schwäche und dem Gefühl der Zweitrangigkeit lösen kann.

Komplexe entstellen den Menschen; der «Animus» entstellt die Frau.

Komplexe verraten den Menschen; der «Animus» verrät die Frau als ein im Grunde genommen fähiges, aber eben unterdrücktes Wesen.

Komplexe hindern den Betroffenen am direkten Leben, in seiner Spontaneität; der «Animus» irritiert die Frau und ihre Umgebung, er erschwert daher menschliche, insbesondere partnerschaftliche Beziehungen.

Der Komplex schützt vor direkter Auseinandersetzung; der «Animus» schützt die Frau davor, ernstgenommen werden zu müssen, er schützt sie vor Sachlichkeit und Geistigkeit, vor direktem Handeln, er läßt sie im Bereich der Meinungen, Vorstellungen, Ideen und Prinzipien verweilen.

Ein deutliches Beispiel, das diese Zusammenhänge illustriert, lieferte Jung selbst, als er auf dem Schiff nach Indien fuhr und anschließend über seine Eindrücke und Erlebnisse schrieb: «...hatte ich Gelegenheit, mit gebildeten Inderinnen ins Gespräch zu kommen. Das war neu für mich. Ihre Kleidung prägt sie als Frauen. Es ist die kleidsamste, stilvollste und zugleich sinnreichste Art, sich anzuziehen, die Frauen je ersonnen haben. Ich hoffe inständig, daß die ‹Geschlechtskrankheit› des Westens, welche die Frauen in eine Art unbeholfener Jungen umzuwandeln versucht, nicht im Gefolge der Marotte ‹wissenschaftliche Erziehung› nach Indien eingeschleppt werde. Es wäre ein Verlust für die ganze Welt, wenn die Inderinnen ihre heimische Tracht aufgäben. Indien (und vielleicht China, das ich nicht kenne) ist praktisch das einzige zivilisierte Land, wo man an lebenden Modellen sehen kann, wie Frauen sich kleiden können und sollten. Das Gewand der Inderin drückt viel mehr aus als die sinnlose Halbnacktheit des Abendkleides der westlichen Frau. Es gibt daran noch etwas zu enthüllen oder zu entdecken, und andererseits wird der Geschmack nicht beleidigt durch den Anblick ästhetischer Mängel. Das europäische Abendkleid ist eines der offenkundigsten Symptome unserer sexuellen Kränklichkeit: es ist zusammengesetzt aus Schamlosigkeit, Exhibitionismus, ohnmächtiger Provokation... Die Frauenmode wird bei uns weitgehend von Männern erdacht: man kann sich das Ergebnis vorstellen. Nachdem sie alle Mittel erschöpft haben, mit Hilfe von Miedern und Polstern etwas hervorzubringen, was einer fruchtbaren Zuchtstute ähnelt, bemühen sie sich nun, den adoleszenten Zwitter zu schaffen, einen athletischen, halbmännlichen Körper, dem Umstand zum Trotz, daß die nordische Frau ohnehin schon eine peinliche Neigung zu knochiger Grobwüchsigkeit aufweist. Man versucht Koedukation, um die Geschlechter einander anzugleichen, statt den Unterschied hervorzuheben. Der schlimmste Anblick aber sind – o weh – die Frauen in Hosen, die auf Deck paradieren! Ich habe mich oft gefragt, ob sie wußten, wie erbarmungslos häßlich sie aussahen. Gewöhnlich waren es grundanständige Mittelklaßtypen, alles andere als raffiniert, nur eben von der gegenwärtig grassierenden Hermaphroditose befallen. Es ist eine traurige Wahrheit, aber die europäische Frau und vor allem ihre hoffnungslos verfehlte Art, sich anzuziehen, machen keinen Staat, verglichen mit der Würde und Eleganz der Inderin und ihrer Bekleidung. Sogar dicke Frauen haben in

Indien eine Chance; bei uns können sie sich höchstens zu Tode hungern» (GW 10, S. 569f.). An dieser Beschreibung fällt auf, daß Jung dazu Wörter und Ausdrücke verwendet, die emotional sehr geladen sind. Er traf an Deck Frauen in Hosen, deren Anblick ihm sehr zusetzte. Er bezeichnete sie als erbarmungslos häßlich, nennt sie den schlimmsten Anblick, ihre Kleidung eine hoffnungslos verfehlte Art, sich anzuziehen und benutzt sogar den Ausruf «o weh». Seine Ausdrucksweise ist hier – wie in manchen Beschreibungen seiner Anima-Animus-Theorie – nicht sachlich. Ist er hier in seinem Komplex getroffen? Hatte er – das heißt seine Anima – ein bestimmtes, auch zeitgebundenes Bild von der Frau, das mit der realen Erscheinung nicht kongruent war und ihn daher derart gekränkt hat, da er so verletzt reagierte? Was veranlaßte ihn zu so unsachlicher Ausdrucksweise?

Wir sehen hier – wie oben beschrieben – die direkten Auswirkungen eines Komplexes, die in diesem Fall schlimm sind, weil Jung seine durch den Komplex entstellte Sichtweise für allgemeingültig erklärt hat und damit die Frauen falsch einschätzt, zum Beispiel den Nützlichkeitsaspekt von Hosen auf windigem Deck nicht erkennen kann. Dies ist jedoch nur ein kleines, jedenfalls für die Frau nicht ans Existentielle greifende Beispiel. Aber die gesamte Theorie des Animus greift die Frau in ihren existentiellen Bereichen an, sie hindert sie daran, sich so entfalten zu können, wie es ihrem Wesen ursprünglich entspräche. Die dem Komplex eigenen Gefühlstöne haben sich an dieser Stelle deutlich in der Sprache Jungs niedergeschlagen.

Das Wesen des Animus ist nach Jung ein Archetypus. In einem 1958 veröffentlichten Vortrag definiert Jung den Archetypus folgendermaßen: «Der Begriff des Archetypus ist oft so mißverstanden worden, daß man ihn beinahe nicht erwähnen kann, ohne ihn jedesmal wieder aufs neue erklären zu müssen. Er wird aus der vielfach wiederholten Beobachtung, daß zum Beispiel die Mythen und Märchen der Weltliteratur bestimmte, immer und überall wieder behandelte *Motive* enthalten, abgeleitet. Diesen selben Motiven begegnen wir in Phantasien, Träumen, Delirien und Wahnideen heutiger Individuen. Diese typischen Bilder und Zusammenhänge werden als archetypische Vorstellungen bezeichnet. Sie haben, je deutlicher sie sind, die Eigenschaft, von besonders lebhaften Gefühlstönen begleitet zu sein. Diese Betonung verleiht ihnen eine besondere Dynamik im Rahmen des psychischen Lebens. Sie sind eindrucksvoll, einflußreich und faszinierend. Sie gehen hervor aus dem an sich unanschaulichen Archetypus, einer unbewußten Vorform, die zur vererbten Struktur der Psyche zu gehören scheint und sich infolgedessen überall auch als spontane Erscheinung manifestieren kann. Der Archetypus liegt seiner Instinktnatur gemäß den gefühlsbetonten Komplexen zugrunde und nimmt teil an deren relativer Autonomie» (GW 10, S. 488). Wie aus dem Text zu ersehen ist, wird unter dem Archetypus eine vererbte Struktur der Psyche verstanden. Er ist demnach nicht eine Reaktion auf etwas, sondern eine a priori vorhandene seelische Tatsache.

Da Jung auch Anima und Animus zu den Archetypen zählt (vgl. z. B. GW 9/2, S. 29), sagt er damit aus, daß sie a priori vorhanden sein müssen. Hingegen sind Komplexe bewußte oder unbewußte Reaktionen auf die persönliche Lebensgeschichte. Sie entstammen daher dem persönlichen Unbewußten im Gegensatz zu den Archetypen, die Inhalte des kollektiven Unbewußten sind (GW 9/1, S. 14). Die Gefühlsbetonung der Komplexe kann jedoch dem archetypischen Bereich entstammen: «Der Archetypus liegt seiner Instinktnatur gemäß den gefühlsbetonten Komplexen zugrunde und nimmt teil an deren relativer Autonomie» (vgl. GW 10, S. 488). Jeder Komplex stellt das Ich in Frage, zur Verhinderung oder Vermeidung der Kränkung werden dann alle Bereiche mobilisiert. Nur so können die beiden oben erwähnten Zitate verstanden werden. Andernfalls hätte Jung sich selbst in einer wichtigen Lehrmeinung entscheidend widersprochen und wäre damit merkwürdig inkonsequent. Damit, daß er den Animus zum Archetypus deklariert, will er den Beweis liefern, daß er ein kollektives psychisches Faktum ist. Wie bereits ausgeführt, ist dies jedoch kein Beweis, sondern eine Behauptung, die auf männlichen Projektionen beruht.

Der Animus kann nach dem bisher Dargelegten nicht archetypischer Natur, das heißt angeboren sein. Er ist erworben innerhalb einer patriarchalen Kultur; er ist die unbewußte Antwort der Frau auf eine jahrhundertelange Zurückbindung und Unterdrückung. Ich bezeichne den sogenannten «Animus» daher als einen Komplex und somit als ein Artefakt, d. h. als erworben und damit nicht als eine unumstößliche Tatsache psychischer Realität der Frau.

Will die Frau sich tatsächlich jenem finalen Aspekt, wie ihn Jung immer wieder als der Seele des Menschen innewohnende Kraft beschreibt, öffnen, so kommt sie nicht umhin, mit aller Klarheit ihres Geistes zu erkennen, daß der Animus ein ihr vom Patriarchat auferlegter Komplex ist, den sie nicht länger mit sich tragen muß. Jungs Gedanke vom Individuationsprozeß gibt jedem Menschen, auch der Frau, die Möglichkeit einer veränderbaren Zukunft. Sich vom Animus, d. h. vom Komplex geistiger Inferiorität, zu befreien, eröffnet der Frau den Weg zu einer eigenen, genuin weiblichen Geistigkeit. Logos und Eros – bzw. in unbewußter Form Animus und Anima – im Sinne einer Polarität zu sehen und das Gegensatzpaar zusätzlich noch auf die beiden Geschlechter aufzuteilen, hat zu den fatalen Spaltungsvorgängen beigetragen, wie wir sie heute auf allen Gebieten kennen. Die Einseitigkeit logischer Verstandestätigkeit hat ein analytisches Denken gefördert, das in der Zergliederung und Zerspaltung die Fähigkeit zur Synthese häufig verloren hat.

Es wird immer deutlicher, daß dort, wo Frauen sich von der Vorstellung eigener minderwertiger Denkfähigkeit und damit von ihrem Animus-Komplex befreit haben, in eine eigene, reiche Gedankenwelt vordringen können. Auch ihr Denken kann ebenso wie dasjenige des Mannes Schärfe und Klarheit erkennen lassen. Aber gleichzeitig weist es oft verbindende Elemente auf: es zeichnet sich häufig durch die Fähigkeit aus, Dinge einheitlich zu sehen und damit im Endeffekt ganzheitlicher zu erfassen. Weibliches Denken kann oft über ausschließlich Analytisches hinausführen und in eine Synthese münden. Es kann zur Einsicht in größere Zusammenhänge führen, es ist eher ein umkreisendes als ein ausschließendes Denken, das oft nicht unilinear ist, sondern gleichzeitig mehrere Spuren verfolgen und auch immer wieder den Ausgangspunkt miteinbeziehen kann. Doch dazu ist die Frau erst in der Lage, wenn sie die falschen Projektionen in bezug auf ihre Möglichkeiten als solche erkennt und diese nicht mehr länger zu erfüllen versucht. Sie muß sich dazu erst einmal von den Einengungen der patriarchalen Klischeevorstellungen bewußt freimachen und sich den finalen Kräften ihrer Seele öffnen.

Dritter Exkurs: «König Drosselbart»

Als Jungsche Analytikerin habe ich im ersten Exkurs den «König Drosselbart» so zu analysieren versucht, wie es echter Jungscher Tradition entspricht: die Heldenfigur (die Tochter) verkörpert das Ich, die übrigen Märchenfiguren repräsentieren unbewußte seelische Anteile des Ich. Der Handlungsablauf ist Teil des Individuationsprozesses.
Als Frau, die unter anderem nach Bewußtwerdung strebt, habe ich im zweiten Exkurs den «König Drosselbart» so zu analysieren versucht, daß ich sämtliche Märchenfiguren mit Menschen anstatt mit psychischen Inhalten identifiziert habe. Den Handlungsablauf habe ich als Teil des Unterdrückungsprozesses der Frau im Patriarchat interpretiert. Zu einem ähnlichen, allerdings intrapsychischen Ergebnis kommt eine zweite subjektstufige Interpretation (S. 98f.), die die Frau als Animafigur sieht, wobei der König das Ich verkörpert.

Als Jungsche Analytikerin und als denkende Frau obliegt es mir nun, eine Synthese zwischen der intrapsychischen und der sozialen Realität zu finden. Denn sonst verliere ich als im ausgehenden 20. Jahrhundert lebende Frau wie auch als Jungsche Analytikerin und Psychotherapeutin meine Glaubwürdigkeit. Wie es mit dem Animuskonzept im sozialen Umfeld von Frau und Mann steht, wird zur zentralen Frage in dieser dritten Interpretation.
Ich schlage meinen Lesern/-innen vor, daß sie das Märchen (S. 31 ff.) als solches nochmals lesen und auf sich wirken lassen, bevor sie nun meiner neuen Interpretation folgen, bei der sich im übrigen einige Wiederholungen der Klarheit halber nicht vermeiden lassen.

Zu Beginn des Märchens tritt eine junge Frau auf, die, weil sie attraktiv und von Haus aus als Königstochter begütert ist, von vielen Männern begehrt wird. Wer als Mann mit ihr verheiratet ist, dem wird durch ihre – nicht durch seine eigene – Herkunft eine Erhöhung zuteil. Die junge Frau scheint sich über das Gebaren der freienden Männer zu amüsieren. Es scheint im Augenblick nicht ihr Herzenswunsch zu sein, verheiratet zu sein. Das läßt aufhorchen, denn diese junge Frau scheint entschlossen zu sein, ihr Geschick selbst in die Hände zu nehmen. Üblich ist in unserer europäischen Tradition, jedenfalls bis in die jüngste Vergangenheit, daß sich eine Frau über Freier freut und sich nichts sehnlicher wünscht, als verheiratet zu sein.
Wie ist diese Ausgangssituation des Märchens wohl zu verstehen? Nicht nur das Verhalten der jungen Frau fällt auf, sondern ebenso das Fehlen der Mutter. Sie tritt während des ganzen Märchens nicht in Erscheinung. Daraus läßt sich vom objektstufigen Standpunkt her schließen, daß sie entweder gestorben ist – der König also ein Witwer und die Königstochter eine Halbwaise ist – oder aber, daß sie völlig bedeutungslos ist und daher nicht in Erscheinung tritt. Vom subjektstufigen Standpunkt her zeigt sich, daß der mütterliche Aspekt inaktiv ist oder

ganz ausfällt. Daher ist das weibliche Ich gezwungen, sich allein zu behaupten, das heißt ohne direkten Bezug zu eigenen oder archetypisch wirksamen mütterlichen Seelenanteilen. Es drängt sich hier nicht die Frage nach einer positiven bzw. negativen, sondern vielmehr nach einer fehlenden Mutterbeziehung – und damit nach dem Fehlen einer Mutterimago überhaupt – auf.
Die Ausgangslage des Märchens kann somit eine für das Patriarchat bezeichnende Situation aufzeigen: durch die jahrhundertealte Unterdrückung der weiblichen Werte und der Frau selbst findet der heranwachsende weibliche Mensch keine Beziehung mehr zu den eigenen weiblichen Komponenten in den unbewußten Tiefen der eigenen Psyche, so daß deren direkte Wirkkraft auf das bewußte Ich verlorengeht. Dadurch kann sich die junge Frau nicht mehr einfach spontan auf ihre eigenen weiblichen Urkräfte im Unbewußten beziehen, sie muß sich – will sie nicht das Opfer patriarchalen Zeitgeistes und dessen Normen werden – einen eigenen, über ihr Bewußtsein verlaufenden Zugang zu sich selbst verschaffen.
Die sich aufdrängenden Freier weist die Königstochter als nicht zu ihr passend ab. Das weibliche Ich scheint im Bild der Freier fremde, von außen kommende männliche Anteile, die vom Ich ihren Tribut fordern, zu erkennen. Es wehrt diese im Laufe der Erziehung internalisierten Anteile in der eigenen Seele ab, indem es sie rücksichtslos als solche entlarvt. Woher das junge weibliche Ich diese Kraft bezieht, läßt das Märchen offen. Sie führt die junge Frau zu selbstbewußtem Handeln. Wie stark und durchhaltefähig dieses Ich bereits ist, bleibt am Anfang des Märchens offen. Das Mittel, sich die Freier vom Leib zu halten, ist beißender Spott. Spott ist spätestens seit Freuds Entdeckung der Verdrängungsmechanismen eine bekannte Abwehrreaktion. In der Auseinandersetzung mit den Freiern wird also der Kampf des Ich mit internalisierten psychischen Inhalten sichtbar: der Animus – im Bild der Freier ausgedrückt – ist nicht eine angeborene männliche Komponente in der Psyche der Frau. Er ist Ausdruck internalisierter männlicher Forderun-

gen, wie sie in der Patriarchatssituation und -psychologie an jede Frau bzw. an jedes weibliche Ich herangetragen werden. Die Frau hätte sich mit diesen zu versöhnen und zu vereinigen, das heißt, sie hätte sie zu den ihrigen zu machen. In der Sprache Jungs heißt das: Das weibliche Ich hat seinen Animus zu integrieren. Das tut die Frau in unserem Märchen nicht, ihr Ich wehrt die verschiedenen Repräsentanten des Animus ab. Als die internalisierten Forderungen jedoch immer lauter und aufdringlicher werden, reagiert das Ich in Jungscher Fachsprache «animusbesessen».

Das Märchen stellt dar, wie der Vater sämtliche in Frage kommenden Freier zusammenruft und die Tochter auffordert, sich einen unter ihnen zum Mann zu wählen. Aus meiner Sicht heißt das, daß das Märchen noch einmal aufzeigt, was im Laufe der Erziehung immer wieder geschehen ist: der Vater zwingt der Tochter seine Sicht, seine Werte, seine Normen auf. Die aufmarschierenden Freier verkörpern nicht a priori in der Psyche der Tochter vorhandene seelische Anteile, sie werden ihr von außen her aus der Welt des Vaters auferlegt. Das Geschehen geht primär nicht von der Tochter aus, sie reagiert nur. Also ist es nicht richtig, in diesem Zusammenhang von einem Vaterkomplex – es sei dahingestellt, ob von einem positiven oder negativen – zu sprechen. Es ist primär ein Geschehen, das vom Vater auf die Tochter gerichtet ist, der Vater ist der Handelnde, die Tochter die Reagierende. Vielmehr müßte man hier von einem «Tochterkomplex» sprechen: Der Vater ist von seiner Idee besessen, zu wissen, was für die erwachsene Tochter richtig ist. Er ist von der Idee besessen, aus welchen Motiven auch immer, es sei seine Aufgabe, diese zu verheiraten. Er stellt den Anspruch, über sie zu verfügen. In Anbetracht des irrationalen Druckes – das Handeln des Vaters ist für die Tochter weder rational noch emotional einsehbar – auf die äußere bzw. verinnerlichte Forderung einzugehen, reagiert die Tochter nicht sachlich, sondern spöttisch. Der Druck der Forderung nimmt zu, der alte Komplex der Minderwertigkeit, der jedem weiblichen Menschen im Patriarchat mehr oder weniger bewußt anhaftet, wird in der jungen Frau aktiviert: der Spott wird zum Ausdruck komplexhafter Abwehrreaktion.

Der gesamte, nun folgende Handlungsablauf des Märchens ist ein exemplarisches Beispiel dafür, wie einer jungen Frau innerhalb einer ausschließlich von Männern regierten Welt kein Recht auf Eigenverantwortung und Selbstbewußtsein zugestanden wird. Bereits im zweiten Satz tritt der Vater in Erscheinung – als König vertritt er die regierende Macht, das regierende Prinzip, das allein handelnd auftritt. Gleich zu Beginn handelt er entgegen den Strebungen seiner Tochter. Er demonstriert seine Macht, indem er alle in Frage kommenden heiratsfähigen Männer des Landes zu einem Fest zusammenruft. Tochter und Vater stehen sich in ihren Absichten diametral entgegen. Eine Verständigung kann nicht stattfinden, die beiden reden nicht miteinander. Obwohl es um die Zukunft, die zukünftige Lebensgestaltung seiner Tochter geht und diese bisher klar nach ihrem Willen gehandelt hat, läßt sich der Vater nicht auf sie ein. Die Normen haben für ihn absolute Gültigkeit; Gefühle zählen nicht. Der König ist also gleich zu Beginn ein beziehungsloser Vater: gegen den Willen seiner Tochter will er diese verheiraten.

Durch das Fest mit den vielen versammelten, nach Rang und Stand in Reihen aufgestellten Männern ersteht die tonangebende Männerwelt leibhaftig sichtbar vor den Augen der Königstochter. Das Patriarchat feiert seinen Einstand.

Erstaunlicherweise läßt sich die Tochter nicht beirren. Sie nennt die Erscheinungen der vor ihr aufgestellten Männerwelt beim Namen. Was krumm ist, benennt sie auch als krumm. Auftritt und Anblick scheinen für sie grotesk zu sein. Sie verschönert oder verschweigt nichts, sie beläßt der vor ihr aufgebauten Realität ihr Aussehen, droht ihr aber mit ihrem Spott, das Ansehen zu nehmen. Oder verzerrt sie aus unbewußter Rache und komplexhafter Reaktion?

Der ganze Aufmarsch ist nicht ein Liebesakt des Vaters gegenüber seiner Tochter, sondern eine unverhüllte Machtdemonstration. Die Tochter ist sich noch ihres Wertes bewußt, hält daran fest und wählt sich keinen der absichtlich Herbeigerufenen zum Mann, denn es scheint ihr keiner zu gefallen.

Sie setzt ihren Willen durch, obwohl sie unter lauter Männern die einzige Frau ist. Aber ich denke nicht, daß diese Eigenwilligkeit und Selbständigkeit im Urteil bereits Ausdruck innerer Unabhängigkeit der Tochter vom Vater sind. Ich denke auch nicht, die Tochter handle aus reiner Opposition zum Vater, was bekanntlich keine echte Ablösung, sondern nur eine andere Form der Abhängigkeit wäre. Wenn man den ersten Satz des Märchens auf diese Frage hin untersucht – der Vater tritt dort noch nicht auf – so gewinnt man den Eindruck eines keimenden Selbstbewußtseins der jungen Frau, das sich in der Auseinandersetzung mit internalisierten, väterlich-männlichen Forderungen und Vorstellungen erprobt. Es ist ein Versuch, sich gegen äußere bzw. innere, fremde Forderungen zu schützen. Das Ich kann aber nicht sachlich auftreten, es schützt sich in der Abwehr fremder männlicher Werte durch Spott. Also ist der Komplex vorhanden.

Eigentlich könnte sich der Vater über soviel Selbstbewußtsein und Entscheidungsfreudigkeit seiner Tochter freuen. Denn das könnte für ihn als Vater eine Bestätigung sein, daß er seine Aufgabe als Erzieher erfüllt und eine nun erwachsene Frau zur Tochter hat. Statt dessen erregt ihr Verhalten seinen Zorn. Dennoch besteht sie während des ganzen «Festes» auf dem Recht der eigenen Entscheidungsfreiheit.

Und nun wird deutlich, wie der Vater nicht eine Beziehung zu seiner Tochter sucht, sondern wie es ihm ausschließlich um die Durchsetzung seines Willens geht. Er demonstriert seine Macht und schließt dazu – unter Ausschluß seiner Tochter – einen Pakt mit einem jungen Königssohn gegen seine Tochter, aber für die Durchsetzung seiner Auffassung. Die Tochter in ihrer Individualität existiert für ihn nicht. Er braucht sie zum Beweis seiner Macht, das heißt, er opfert die Individualität seiner Tochter zugunsten eines eigenen Sieges über sie. Diese Machtbesessenheit ist eine Inflation des männlichen Geistes, ein Männlichkeitsrausch, an dem jede menschliche Beziehung zugrunde gehen muß. Der König ist bar aller Erosqualitäten. Der anfänglich öffentlichen Machtdemonstration gegenüber ist die Abwehrstruktur des töchterlichen Ichs noch gewachsen: der Wille, sich die eigene Entscheidungsfreiheit zu bewahren, siegt. Für die seelische Entfaltung der jungen Frau wäre es eine Notwendigkeit, die internalisierten Forderungen überwinden zu können. Diese Möglichkeit bahnt sich in der offenen Konfrontation an. Für den Vater ist die individuelle Entfaltung der Tochter jedoch kein erstrebenswertes Ziel. Für ihn zählt nur die Durchsetzung seines Willens, der sich in äußeren Normen konkretisiert. Die von außen, das heißt von der Gesellschaftsordnung her sanktionierte Norm gestattet bzw. erlegt ihm auf, seine Macht auszuüben: ein junges Mädchen muß heiraten, damit es zur Frau wird. Die fehlende Beziehung zwischen den beiden äußert sich im respektlosen Umgang des Vaters mit seiner Tochter, aber noch mehr in der Unfähigkeit des Vaters, mit seiner Tochter über seine geheime Absicht zu sprechen.

Daß sich seine Tochter in aller Öffentlichkeit seinem Willen entzogen hat, hat ihn derart gekränkt und in seiner ganzen Person in Frage gestellt, daß er in seinem Gefühl des totalen Abgelehnt- und Verletztseins Rache schwört. Hinter der Machtbesessenheit versteckt sich also ein maßloses Nichtigkeitsgefühl – ein in der Weltgeschichte, aber auch in der Psychologie inzwischen sattsam bekanntes Phänomen, das immer für beide Teile, für den davon beherrschten Menschen wie für dessen Umgebung, ein im psychischen wie physischen Bereich Leben gefährdendes seelisches Muster ist.

Eigentlich findet auf dieser Freierschau ein Messen der Kräfte zwischen Vater und Tochter statt. Die Tochter siegt, sie ist die stärkere und setzt ihren Willen durch. Damit entspricht sie jedoch nicht dem inneren Bild, das der Vater von der Frau

hat. Das bedeutet für ihn eine so große Kränkung, daß er diese nicht auf sich sitzenlassen kann. Im stillen schwört er Rache.
Auffallend ist, wie gesagt, daß der König keine Frau hat – ist sie gestorben? Hat er sich nicht wiederverheiratet? Sie scheint für ihn nicht relevant zu sein, das Bild von ihr scheint ihm zu genügen. Es ist oft einfacher, mit einer Vorstellung als mit einer Realität zu leben. Real Weibliches hat keine große Überlebenschance in dieser lebensfeindlichen Umgebung. Vielleicht vermißt er gar nichts in einem Leben ohne Frau, weil er dafür einen Ersatz in der ihn bestätigenden Gesellschaftsnorm gefunden hat. Das Verhalten der Tochter entspricht jedenfalls nicht seinem Bild von der Frau.
Die Tochter ihrerseits ist auch allein. Der mütterliche Nährboden scheint ihr schon früh entzogen worden zu sein. Sie will sich nicht mehr durch Internalisiertes fremdbestimmen lassen. Sie will keine Verbindung mit Abgesandten ihres Vaters eingehen. In einer Gesellschaft, in der die Bedeutung der Frau am Mann gemessen wird, mit dem sie verheiratet ist, zählt sie nichts. Daher widerspricht es zunächst dem Selbstbewußtsein dieser jungen Frau, innerhalb einer solchen Ordnung überhaupt zu heiraten. Sie wäre dazu nur in der Lage, wenn sie bereit wäre, ihr Eigendasein zugunsten männlicher Werte zu opfern. Und diese Bereitschaft scheint sie vorläufig nicht zu haben. Die Freier werden ihr jedoch geradezu aufgedrängt. Wie wir gesehen haben, reagiert sie mit beißendem Spott. Ist die äußere Situation nun tatsächlich von der Art, daß sie in der jungen Frau angeborene, kollektive Reaktionsmuster aktiviert und diese demzufolge animusbesessen immer ein wenig daneben argumentiert? Oder trifft sie mit ihren spöttischen Charakterisierungen den Nagel auf den Kopf? Das gesamte soziale Umfeld, das gegen den Willen der Frau im Auftrage des Vaters, der zugleich König ist, handelt, wird von der Frau möglicherweise entlarvt. Sie wird in ihren anfänglichen Bestrebungen nicht ernstgenommen und reagiert in der Folge nicht mit Rückzug, sondern dadurch, daß sie die Freier lächerlich macht.

Nur aus der Sicht des verletzten Mannes ist es verständlich, daß diese Haltung als eine destruktive Animusbesessenheit empfunden wird.
Fassen wir zusammen: Der Mann – hier in einer eher passiven Form vertreten durch die Freier, in der aktiv handelnden Form durch den Vater – ist gekränkt, weil die Frau nicht nach seinen Vorstellungen handelt. Die Idee, seine Tochter müßte jetzt heiraten, hat Besitz ergriffen vom Vater und beherrscht ihn ganz. Als Regierender hat er die Macht zu bestimmen, was für seine Untergebenen richtig ist, er hält die Ordnung aufrecht durch Beherrschen. Was die andern bzw. seine Tochter für richtig erkennen, zählt nicht. Die Tochter schickt ja zu Beginn die Freier deutlich weg – es ist ihr keiner gut genug. Sie ist also wählerisch und sehr eindeutig und klar in ihrem Entscheiden. Allerdings verbindet sie ihre Entscheidungen schon von Anfang an mit Spott. Damit kann sie sich aber keine Achtung bei ihrem Vater verschaffen. Dieser ist von seiner eigenen Vorstellung dessen, was richtig ist – und diese entspricht der Norm –, beherrscht. Als der Vater nicht von seinem Ansinnen losläßt, die Tochter – wie das eben üblich ist – zu verheiraten, muß sich diese gegenüber ihrem respektlosen Vater und dessen Komplizen immer mehr wehren. Sie schafft es, solange der Vater mit offenen Mitteln gegen sie auftritt. Wie bereits weiter oben angeführt, ist das Verhalten der Tochter nicht ein archetypisches, das sich mit der Theorie des Animus als einem Archetypus erklären ließe. Es ist vielmehr eine Reaktion auf die massive Bedrohung, «verkauft», weitergegeben zu werden. Äußerlich gesehen ist es die Reaktion eines Menschen, den man unterdrücken will, den man nicht zu Wort kommen läßt, den man nicht für voll nimmt. Der Vater nimmt die Tochter tatsächlich nicht ernst, daher beginnt sie sich zu wehren. Er läßt sich davon nicht beeindrucken und schon gar nicht beeinflussen. Hinterfragen muß er sich nicht, denn er ist sich seiner Machtstellung sicher. Psychologisch gesehen ist es der verzweifelte Kampf des weiblichen Ich

gegenüber internalisierten männlichen Werten, die es zu überschwemmen drohen.
Das heftige Reagieren der Frau, die massive Abwehr, der übertriebene Spott, mit dem sie um das eigene Recht kämpft, mit einem in der Frau a priori vorhandenen Animus, der vom Ich Besitz ergreift und die Frau animusbesessen macht, erklären zu wollen, ist ein Verkennen der Frau und der weiblichen Psyche. Diese Theorie geht an der Realität der Frau vorbei. Aber sie entspricht jenem männlichen Denken, das beansprucht, a priori eine Sache richtig zu erfassen. Wenn sich die Frau mit einer anderen Meinung zu äußern wagt, weil sie die Sachlage anders sieht, liegt sie in ihrer Einschätzung der Situation laut der Theorie des Animus immer leicht daneben; sie täuscht sich sowieso von Natur aus in geistigen Angelegenheiten. Die Theorie vom Animus ist eine großartige Hilfe zur Aufrechterhaltung und Weiterführung des Patriarchats. Sie fordert vom Mann kein Nachdenken, keine Infragestellung seiner Ansichten, denn klar und logisch denken ist allein seine Prärogative. Aller Widerspruch von seiten der Frau kann so aufgrund eines scheinbar ausgewogenen, scheinbar frauenfreundlichen psychologischen Konzeptes einfach niedergeschmettert werden: Zeus schmettert seinen vernichtenden Blitz. Wo dem Mädchen in Elternhaus und Schule gegenüber dem Jungen immer wieder benachteiligende Behandlung widerfährt, entwickelt sich im Laufe der Jahre ein diffuses Gefühl für Minderwertigkeit. Es bildet sich ein Minderwertigkeitskomplex, der, wenn er berührt wird, zu Ausbrüchen führen kann, wie sie Jung mit «Meinungsteufel» und ähnlichen Ausdrücken beschreibt.

Im vorliegenden Märchen wird die junge Frau vollends entmündigt: der Vater bestimmt im geheimen, wen sie zu heiraten hat. Der offenen Auseinandersetzung ist er nicht gewachsen, er greift zum Mittel der geheimen Verschwörung. Im Augenblick, da die Tochter vor die Tatsache gestellt wird,

bricht ihr Widerstand zusammen. Sie erschrickt über so viel Brutalität. Intrapsychisch bricht das Abwehrsystem in dem Augenblick zusammen, da das Ich von der väterlichen Intrige überrascht wird. Der Schreck kann lähmen, nicht umsonst kennt die Sprache den Ausdruck «zu Tode erschrocken sein». Die junge Frau hat ihre Vitalität verloren, sie hat sich diese nehmen lassen und läßt nun über sich verfügen. Ein Komplex kann lähmen, ein Komplex kann gefangensetzen. Über Gefangene läßt sich verfügen. So setzt sie sich der Verfügungsgewalt des auferlegten Ehemannes, der die Aufgabe des Vaters weiterführt, aus, ohne sich im weiteren Verlauf nach außen hin zu wehren. Hat sich ihr Animus nun nach innen gekehrt? Ist er zur Beziehungsfunktion zwischen bewußten und unbewußten seelischen Anteilen geworden? Oder hat die junge Frau ganz einfach in Anbetracht der männlichen Übermacht, infolge ihres Komplexes, kapituliert? Hat sie durch frühe Erfahrungen die Überlegenheit des Vaters internalisiert? Ist der Anfang des Märchens ein vom Selbst, von der inneren Persönlichkeit gesteuerter Versuch, sich gegen die Vater-Imago aufzubäumen, den der konkrete Vater und in dessen Gefolgschaft auch der Ehemann vereiteln?
Die Frau im Patriarchat ist im Grunde genommen immer allein: sie sieht sich, wie im «König Drosselbart», einer Übermacht von männlichen Normen gegenüber, die bestimmen und über sie verfügen. Die seelischen Wunden, die der Frau dabei oft seit der frühesten Kindheit zugefügt werden, sind so groß, daß sogenannte frühe psychische Störungen eine verbreitete Folge sind. (Daß die Verpflichtung des Patriarchats zur Überlegenheit auch beim Mann krankmachende Wirkung hat, sehen wir ebenso an dessen Störungen.) Aufschrei und Resignation können die beiden Seiten derselben Medaille sein: einerseits die feste Überzeugung, sich dem System entziehen zu können und andererseits das Aufgeben des Glaubens an die eigene Kraft, die Resignation, gehören gemeinsam unter anderem zum Bild der frühen Störung.

Die junge Frau wird verheiratet: ‹Ich und Animus gehen miteinander einen Bund ein, der Animus übernimmt die Führung – das weibliche Ich entdeckt dadurch seine tieferen weiblichen Schichten und gelangt zur seelischen Ganzheit.› Diese knappe Zusammenfassung des restlichen Geschehens in unserem Märchen aus subjektstufiger Sicht verdeutlicht endgültig, wie diese Interpretation die innere Realität der Frau verkennt. Die Theorie vom Animus dient zur Bestätigung des männlichen Führungsanspruches gegenüber der Frau. Sie zwingt die Frau in die Knie und verweist sie auf den völlig introvertierten, zweiten Platz des stillen Dienens zum Wohle des Mannes, das gleichzeitig zu ihrem eigenen Wohl deklariert wird. Die Kette der Demütigungen will ich in ihren Einzelheiten nicht noch einmal wiederholen.

Die junge Frau wird auf traditionell weibliche Tätigkeiten und Fertigkeiten reduziert, die – allerdings in den größeren Kontext der Symbolik gestellt – zur Herstellung des Kontaktes zu eigener, bisher noch nicht entdeckter Weiblichkeit führen könnten. Aber ganz im Sinne des Patriarchats dürfen diese nicht zu eigenen Zwecken, zur Eigenentfaltung eingesetzt werden, sie sind nur dann richtig, wenn sie in den Dienst des Mannes gestellt werden. Es muß besonders an diesem Punkt auffallen, daß der junge Mann ein Bettler ist, der auch als Ehemann nicht arbeitet. Er ist es auch auf der seelischen Ebene: er bettelt, indem er befiehlt, statt selbst zu handeln. Die Tätigkeiten, die er der Frau vorschreibt, erfordern Hingabe und Ausdauer, sie fordern eine entsprechend der Materie unterschiedliche Art des Bezogenseins auf den Arbeitsprozeß (kochen, flechten, spinnen, verkaufen, sich in den Dienst des Kochs stellen). Das Verhalten des «Spielmanns» ist ausgesprochen kühl, beziehungslos, fordernd. In der Darstellung des Geschehens wird jedoch die Frau als diejenige hingestellt, die all diese Arbeiten nicht befriedigend erbringen kann, sie wird in die Sündenbockrolle gedrängt, sie wird im Grunde genommen als die Unfähige, Beziehungslose hingestellt. Und dort, wo ihr etwas gelingt, wo

sie sich ein wenig profiliert, fährt der Mann in letzter Brutalität über sie her und zerstört das Erreichte wieder.
Vater-König, Bettler und Husar sind drei Aspekte, in denen sich gerade der Mann als beziehungslos erweist. Dessen eigene Beziehungslosigkeit und -unfähigkeit werden jedoch im Märchen geschickt auf die Frau projiziert. Sobald die Frau diese Projektion annimmt – und das tut sie, ihr Wille ist gebrochen, ihre Abwehr zusammengestürzt – und diese auch lebt, kann sie nicht zu sich finden, auch wenn die Symbolik der geforderten Tätigkeiten noch so sehr weiblicher Natur ist.
Dieser Prozeß gipfelt am Ende darin, daß nach vielfältigen Demütigungen der junge König als Hersteller der Beziehung auftritt. Die junge Frau erkennt ihn als König Drosselbart und sträubt sich dagegen. So wendet er eben nochmals Gewalt an, zerrt sie in den Saal, dabei geht das Band auf, an dem die Töpfe mit Speiseresten hängen. Nun wird sie sogar noch zum Gegenstand allgemeinen Gelächters und Spotts. Der erneute Versuch zu entfliehen mißrät, der König zwingt sie zur Heirat, indem er ihr gleichzeitig darlegt, daß das ganze bisherige Geschehen vom Vater bzw. ihm inszeniert worden ist, um sie für ihren Hochmut bzw. für ihren unbezogenen negativen Animus zu strafen.

Was ich in vorausgegangenen Kapiteln theoretisch an kritischen Einwänden zur Animustheorie aufzuzeigen und zu begründen versucht habe, habe ich am praktischen Beispiel des Märchens als einem Repräsentanten kollektiver seelischer Situation zu erläutern versucht. Wenn ich das ganze Märchengeschehen einmal von der jungen Königstochter her anschaue, so sind wir mit einem weiblichen Ich einer jungen Frau konfrontiert, das sich zu Beginn durchzusetzen versucht und dabei erfolgreich ist. Es tut es gegenüber freienden Männern, mit denen die junge Frau keine Ehe eingehen will. Das Ich setzt sich auf einer innerpsychischen Ebene gegen begehrende, männliche Kräfte durch, die es beherrschen wollen. Diese sind im Vater wie in den Freiern gegenwärtig: das Ich kann sich erst einmal gegen eine innere väterliche Autorität und deren Gefolgschaft behaupten. Es läßt sich beispielsweise nicht von einem väterlichen Autoritätskomplex gefangennehmen. Es wehrt sich gegen väterliche Übergriffe durch Verselbständigungsimpulse. Internalisierte seelische Anteile werden vom Ich als solche erkannt und nicht mehr länger geduldet. Dagegen setzt der Vater seine Macht in Bewegung, die als regierende Einstellung das Ich überfährt. Am Schluß findet nicht eine Versöhnung, sondern eine Vergewaltigung statt oder besser gesagt: die Vergewaltigung der Frau wird gefeiert und legalisiert durch eine aufgezwungene Verheiratung.

Im Sinne einer Zusammenfassung dieses letzten Interpretationsversuches wende ich mich zum Schluß nochmals der Königstochter zu. Ihr Vergehen besteht aus zwei Elementen: Stolz und Übermut auf der einen Seite, Ungehorsam auf der anderen. In der Art und Weise, wie das Märchen den Begriff des Stolzes darstellt, wird spürbar, daß das eigentliche Vergehen der Tochter nicht die Haltung von Arroganz ist, sondern von Verweigerung, sich einer bestimmten sozialen Erwartung (Heirat) zu beugen. Nun wird aber im Märchen nicht gesagt: «Sie wollte nicht heiraten, weil ihr kein Freier gefiel, so daß sie jeden schließlich ablehnte.» Sondern es wird berichtet: «Stolz und übermütig, so daß ihr kein Freier gut genug war...» Das heißt nichts anderes als ihr Nicht-heiraten-Wollen wird nicht als ein vielleicht verständlicher und nachvollziehbarer Willensentschluß aufgenommen und akzeptiert. Er wird im Gegenteil diffamiert, und zwar, indem er als Ausdruck einer verwerflichen Charakterhaltung bezeichnet wird, nämlich als die Sünde des Stolzes.

Gibt es eigentlich auch Märchen, in denen einem Mann die «Sünde des Stolzes» ausgetrieben wird, oder wird sie immer nur Frauen ausgetrieben?

Beim Mann wird Stolz bekanntlich anders bewertet; er ist bei

ihm mit einem ganz anderen Stellenwert verbunden. Der richtige Mann *muß* stolz und selbstsicher, stolz und kämpferisch sein. Er muß fähig sein zur Verachtung. Der Blick von oben herab ist seine Prärogative.
Gibt es auch Märchen, in denen die Ungehorsamshaltung von Königssöhnen geschildert wird? Ist es eine Art von Verschiebung, wenn diese Thematik an einer Frau abgehandelt wird? Möglicherweise läßt sich das Thema «Rebellion gegen die Autorität» besser an einem gesellschaftlich minderwertigen Menschen, einer Frau durchexerzieren.
Im Märchen fehlt die Frage des Königs: Warum lehnst du die Männer alle ab? Indem er diese Frage nicht stellt, erweist sich der König als ein Unmensch. Ich bin – wie bereits deutlich geworden ist – nicht bereit, die Antwort des Märchens «stolz und überheblich» unhinterfragt hinzunehmen. Das Märchen beschreibt, daß die Königstochter ungehorsam ist und diffamiert diesen Ungehorsam, indem es ihn als Ausdruck einer charakterlichen Schwäche, nämlich als Hybris hinzustellen versucht. Der Ungehorsam wird also bereits im Märchen gedeutet.
Wenn wir im subjektstufigen Verständnis von der Königstochter als dem Ich ausgehen, so wird deutlich, daß das Ich die Normen des Patriarchats verinnerlicht hat. Das Ich kämpft einen verzweifelten Kampf dagegen. Am Umstand jedoch, daß es in der gemeinsamen Zeit mit dem Bettler vom Reichtum des König Drosselbart fasziniert ist, wird sichtbar, daß es bereits korrumpiert ist. Am Schluß fügt es sich, und es wird über es verfügt; von einem eigenen Willen kann nicht mehr gesprochen werden.
Das Märchen ist eine klassische Illustration der unterschiedlichen Machtverhältnisse im Patriarchat. Es zeigt, wie die weibliche Psyche trotz anfänglicher Versuche unter den internalisierten patriarchalen Vorstellungen nicht zur eigentlichen Entfaltung, zur eigentlichen Bestimmung, nämlich der Selbstwerdung gelangen kann. Das Animuskonzept verhindert die

Selbstentfaltung der Frau, es steht ihrem Individuationsprozeß diametral entgegen.
Ich habe in dieser letzten Interpretation aufzuzeigen versucht, daß sich der Animus als sogenanntes «Männliches» in der weiblichen Psyche erst als Reaktion auf Unterdrückung weiblicher Wesensart oder der Frau überhaupt zu bilden beginnt. Er ist daher nicht ein Archetyp, sondern nur eine Reaktion. Daß dieses Reagieren komplexhaft wird, verdeutlicht unser Märchen eindrücklich. Den Animus als Archetyp zu definieren, erweist sich als eine indirekte, frauenfreundlich verkleidete Frauenfeindlichkeit, die in Anbetracht der großen noch zu lösenden Zukunftsaufgaben für die gesamte Menschheit verhängnisvoll ist.

Der Animus ist ein Komplex, den uns das Patriarchat gebracht hat. Er hat wenig mit der Frau, aber sehr viel mit dem Mann zu tun.

Bibliografie

Quellenwerke

Jung, Carl Gustav: Gesammelte Werke, Walter, Olten–Freiburg 1971. – Briefe Bd. 2, Walter, Olten–Freiburg 1972

Jung C. G. – Wilhelm, Richard: Das Geheimnis der Goldenen Blüte, Walter, Olten–Freiburg 1971

Jung C. G. et al.: Der Mensch und seine Symbole, Walter, Olten–Freiburg 1968, Sonderausgabe 1986

Grimms Kinder- und Hausmärchen (KHM), 1. Band, hrsg. v. Heinz Rölleke, © 1982 Eugen Diederichs Verlag, Köln

Weitere Literatur

Barz, Helmut: Männersache. Kritischer Beifall für den Feminismus, Kreuz, Stuttgart–Zürich 1984

Baumgardt, Ursula: Wege zum Frausein heute. Träume und Bilder einer Analyse, Walter, Olten–Freiburg 1985

Dieckmann, Hans: Gelebte Märchen, Gerstenberg, Hildesheim 1978

Eliade, Mircea: Die Religionen und das Heilige, Wissenschaftliche Buchgesellschaft, Darmstadt 1976

Fester, Richard u. a.: Weib und Macht, Fischer Taschenbuch 1979

von Franz, Marie-Louise: Das Weibliche im Märchen, Bonz, Stuttgart 1977

Gambaroff, Marina: Utopie der Treue, Rowohlt, Hamburg 1984

Goethe, Johann Wolfgang: Hermann und Dorothea, Werke Bd. 5, Birkhäuser, Basel 1944

Goldenberg, Naomi R.: Changing of the Gods. Feminism and the End of Traditional Religions, Beacon Press, Boston 1979

Jacobi, Jolande: Die Psychologie von C. G. Jung, Walter, Olten–Freiburg 1971

Jung, Emma: Animus und Anima, Rascher, Zürich 1967

Kast, Verena: Paare. Beziehungsphantasien oder Wie Götter sich in Menschen spiegeln, Kreuz, Stuttgart–Zürich 1984

Krattiger, Ursa: Die permutterne Mönchin. Reise in eine weibliche Spiritualität, Rororo Taschenbuch 1987

Meulenbelt, Anja: Wie Schalen einer Zwiebel oder Wie wir zu Frauen und Männern gemacht werden, Frauenoffensive, München 1984

Neumann, Erich: Die Große Mutter. Eine Phänomenologie der weiblichen Gestaltungen und des Unbewußten, Walter, Olten–Freiburg 1974

Olbricht, Ingrid/Baumgardt Ursula (Hrsg.): Immer wieder neu beginnen. Wider die Resignation, Kösel, München 1987

Pflüger, Peter Michael (Hrsg.): Wendepunkte Erde – Frau – Gott, Walter, Olten 1987 (darin: *Baumgardt, U.:* Die Frau im Traum – Traumbild «Frau»)

Weiler, Gerda: Der enteignete Mythos. Eine notwendige Revision der Archetypenlehre C. G. Jungs und Erich Neumanns, Frauenoffensive, München 1985